신지식인 사례집

당신도 신지식인입니다

신지식인 사례집

당신도 신지식인입니다

매일경제신문사

현대 경영학의 대부 피터 드러커는 "지식근로자는 산업혁명기를 거쳐 형성되고 있는 지식사회를 이끌어갈 원동력"이라고 지적했다. 그가 말하는 지식근로자는 자기 능력을 꾸준히 개발, 개선하면서 사회적 부가가치를 증대시키는 특성을 가진 사람으로 매일경제신문과 매일경제TV, 정보통신정책연구원이 공동으로 내세우는 '신지식인'과 같은 맥락이라고 볼 수 있다.

매일경제신문은 전 국민의 신지식인화를 유도하기 위해 지난 1998년 초부터 '당신도 지식인입니다'라는 지상캠페인을 펼쳐왔으며 그 해 12월 국내 지도급 인사들을 초청한 '국민보고대회'에서 '신지식인 보고서'를 발표함으로써 신지식인 캠페인의 당위성과 의미를 널리 보급하고자 노력해왔다.

정보통신정책연구원도 신지식인 운동의 중요성을 깊이 공감하고 1998년 말부터 매일경제신문사와 공동으로 각계 각층의 신지식인을 발굴, 선정하는 작업을 의욕적으로 추진했다.

민간차원에서 시작된 신지식인 운동이 정부로 확산돼 국민 개개인이 자신의 일하는 방식을 끊임없이 개선하고 혁신하여 가치를 창출할 수 있는 환경이 조성되고 있는 것은 바람직한 일이다.

매일경제신문사와 정보통신정책연구원은 이제 『당신도 신지식인입니다』라는 신지식인 사례집을 발간함으로써 신지식인 운동의 당위성과 개념을 국민들에게 보다 구체적이고 정확하게 제시하고자 한다.

이 책에서는 우선 신지식인이 등장하게 된 배경, 신지식인 개념과 관련된 논의를 정리한 다음 생활 현장 곳곳에서 자신의 업무를 개선·혁신하고 있는 25명의 대표적인 신지식인을 소개했다. 물론 여기서 소개하는 25명은 신지식인이라는 21세기 신(新)인류의 일부분에 불과할 것이다.

이 사례들을 통해 신지식인의 정신자세와 행동양식을 보고 배움으로써 우리 국민 모두가 신지식인이 된다면 우리 나라가 IMF 위기를 극복하고 새로운 천년을 준비하는 데 부족함이 없을 것이다. 이 책은 또한 역사 속의 신지식인을 소개함으로써 우리 역사 속에 신지식인의 전통이 면면히 흐르고 있음을 보여주고 있다.

이제는 땀흘려 열심히 일하는 것만으로는 나라를 다시 일으킬 수 없으며, 지식과 정보를 활용하여 창조적인 아이디어를 업무에 적용함으로써 생산성을 높이는 것이 중요하게 여겨지는 시대이다.

우리에게 주어진 과제는 IMF 이전 상황으로의 복귀가 아니다. 과거의 경제 수준을 회복하는 것은 물론이고 지식이 사회 각 분야에서 중요한 생산요소로 활용되는 지식기반국가를 건설함으로써 국가의 근본적인 체질을 개선하는 일이다. 이러한 지식기반국가를 건설하기 위해서는 정부의 지식화와 기업 차원에서의 지식경영, 개인 차원의 신지식인 노력이 정착되어야 한다.

이 책이 우리 나라가 지식사회로 나아가는 데 밑거름이 될 수 있기를 기대하며 책의 발간을 위해 공동의 노력을 아끼지 않았던 매일경제신문 지식부와 정보통신정책연구원 신지식인 연구팀에게 감사의 뜻을 전한다.

1999년 6월

매일경제신문
매일경제 TV 사장 장대환   정보통신정책연구원 원장 김효석

□ 목 차

제3부　역사 속의 신지식인

행동하는 지식은 강하다

1부

왜 신지식인이어야 하는가

지식의 시대가 도래하고 있다. 전통적인 생산요소인 노동과 자본보다 지식이 더 중요시되는 시대가 열리고 있는 것이다. 새로운 시대는 새로운 인간형을 요구하고 있다. 예전부터 존재해 왔던 책 속의 지식은 물론 스스로의 경험을 통해 터득한 지식을 활용하는 새로운 지식인, 즉 '신지식인'이 바로 그 것이다.

급격한 변화의 흐름을 바라본 여러 미래학자들은 이미 21세기 새로운 지식기반사회에 걸맞은 인간상을 예견하고 있다. 주요 선진국들과 세계은행(World Bank), 경제협력개발기구(OECD) 등 국제기구들은 벌써부터 신지식인 육성에 관한 연구에 한창이다.

바야흐로 신지식인은 새로운 밀레니엄에 국가의 성패를 좌우하는 시대적 흐름이자 요구로서 우리 앞에 다가오고 있는 것이다.

왜 '신지식인'인가.

어떤 사람들은 한동안 세계화다 뭐다 떠들다가 느닷없이 신지식인이 등장해 사람들을 어리둥절하게 만들고 있다고 말한다. 그러나 신지식인은 하루아침에 등장한 개념이 아니다.

신지식인이 부상하게 된 배경을 먼저 살펴보자.

패러다임이 바뀌고 있다

200여 년 전 증기기관의 발명에서 비롯돼 20세기를 풍미했던 산업사회에서 상품의 가치는 그것을 생산하는 데 투입된 자본과 노동의 양에 따라 결정됐다.

산업사회에서는 같은 시간에 보다 많이 생산해낼 수 있는 근로자가 부가가치를 많이 창출하는 것으로 평가됐고 이 때문에 근로자의 두뇌 속에 내재돼 있는 경험과 지식보다는 건강한 육체와 적당한 기술만이 최고의 가치로 여겨졌었다.

전쟁의 폐허를 딛고 일어서서 짧은 기간에 '한강의 기적'을 일궈낸 우리의 경우도 예외는 아니었다. '세계에서 가장 근면한 민족'이라는 장점(?)만을 살린 채 노동시간 등 노동의 양적 투입에만 신경을 썼을 뿐 근로자들 개개인의 두뇌활용에는 인색했다.

그러나 차츰 기업간 경쟁이 치열해지고 정보통신기술(IT)의 획기적인 발전으로 새로운 '지식'에 대한 접근과 습득이 한결 수월해지기 시작하면서 근로자들은 예전보다 고급화된 기술을 습득해야만 했다. 인터넷 등 정보통신기술(IT)의 비약적인 발전과 세계화, 무역자유화 현상 등으로 인해 각종 신기술과 정보 및 지식의 전파, 확산 속도는 과거에 비할 수 없을 정도로 빨라지게 됐고 이로 인해 경제, 사회 전반

의 발전에 지대한 영향을 끼치고 있다.(그림 1 참조)

　바야흐로 우리는 대량생산, 대량소비로 특징지워지던 산업경제사회에서 무형의 지식과 정보가 경제발전의 원동력이 되는 지식·정보화사회로 넘어가는 전환기를 맞이하고 있는 것이다. 특히 '지식'이 개인은 물론 기업과 국가 전체의 부가가치를 창출하는 원동력으로 자리매김하는 지식기반경제가 도래함에 따라 근로자에게 요구되는 자질도 변모하고 있다.

　이와 관련해 경영학의 대부인 피터 드러커 교수는『자본주의 이후의 사회』라는 저서에서 "이제 지식이 노동과 자본을 대신해 생산의 중요한 요소로 자리매김하고 있다"고 지적했다. 즉, 지식근로자(Knowledge Worker)의 생산성을 지속적으로 증가시키는 것만이 앞으로 경제성장을 가능케 하는 유일한 길이라는 것이다. 그는 또 "지식인이라고 해서 모두 지식근로자는 아니며 자신이 갖고 있는 지식을 행동(Action)으로 옮기는 지식인만이 진정한 지식근로자"라고 역설했다. 또 세계은행(World Bank)은 1997년 '성장을 위한 지식(Knowledge

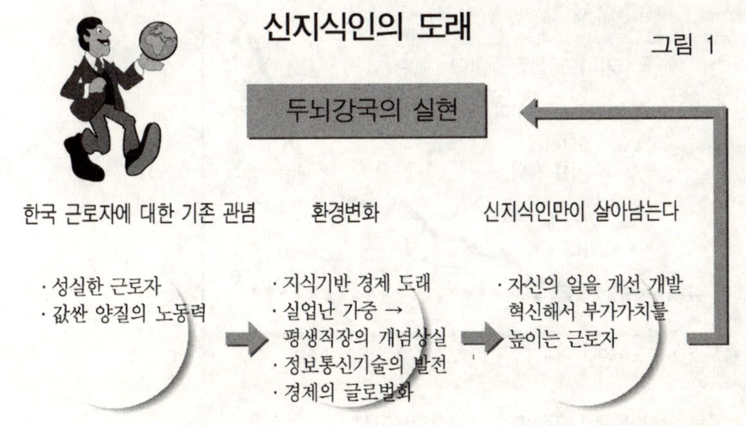

for Development)'이라는 보고서를 통해 지식을 기반으로 하는 경제체제, 즉 '지식기반경제'가 도래하고 있다고 밝히고 세계 각국은 교육체제 및 국가지식시스템 개선 등을 통해 지식기반경제에 대비해야 한다고 권고했다.

특히 세계은행은 이 보고서에서 경제성장에 있어서 지식의 중요성을 언급하는 대목에서 한국과 가나를 비교했다. 과거 50년 전 한국과 가나의 1인당 국민소득이 같은 수준이었지만, 50년이 지난 지금 두 나라의 소득격차는 6배나 벌어졌다. 비결이 뭘까. 세계은행은 이에 대해 경제적인 측면 외에도 한국이 교육부문에 대한 투자를 통해 지식을 획득·활용하는 데 있어서 가나보다 앞서 있었기 때문이라고 분석했다. 즉 한국과 가나의 소득격차의 상당부분이 바로 '지식격차'에 의한 것이라는 분석이다.(그림 2 참조)

이러한 지식격차는 한국과 가나 사이에만 존재하는 것은 아니다. 한국이 IMF 체제를 맞게 된 원인 가운데 가장 중요한 것이 바로 한

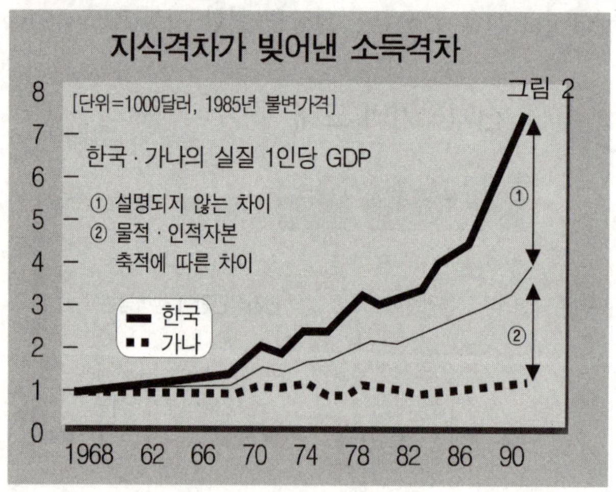

자료 : 세계은행 「1998/1999 세계개발보고서」

국과 선진국과의 지식격차에 있는 것이다. 지식격차를 해소하기 위해서는 국가는 물론 기업과 개인 등 경제 주체 모두가 지식으로 무장해야 한다. 지식을 끊임없이 습득하고 이를 확산, 공유, 활용함으로써 각자의 부가가치와 경쟁력을 높여야 하는 것이다.

이를 위해서는 경제구조와 운영방식이 지식기반경제에 걸맞은 방식으로 바뀌어야 한다. 즉, 지식기반경제에 대비하기 위해서는 지식을 기반으로 더 많은 부가가치가 창출되도록 산업구조의 '지식화'가 이루어져야 한다. 또 기업은 지식경영을 통해 경쟁력을 강화시켜 나가야 한다. 정부 또한 지식기반경제의 발전원리를 파악하고 이에 적합한 정부의 기능과 역할을 재정립해야 한다. 정책의 수립 및 집행, 대국민 서비스에 있어서도 민간에서 확산되고 있는 지식경영방식을 적극 도입해 보다 효율적인 정부로 거듭나야 한다.

개인도 지식·정보화 사회로의 패러다임 전환을 인식하고 이에 적절한 새로운 생활 양식을 터득하고 실천해야 한다. 넘쳐나는 지식과 정보의 홍수 속에서 자신에게 필요한 지식을 선별, 습득하고 이를 여러 사람들과 공유·활용함으로써 미래의 불확실성에 능동적으로 대처해 나가는 사람으로 탈바꿈해야 한다.

이와 같이 지식기반 국가를 건설하기 위해서는 정부, 기업, 개인별로 수행해야 할 당면 과제들을 안고 있는 것이다. 신지식인은 이러한 지식격차를 해소하고 21세기 지식기반경제에 주도적으로 참여하는 기틀을 마련하기 위해 국민 개개인이 지향해야 할 인간상이자 개인차원의 실천전략이다.

선진국의 지식 선점 경쟁

선진국들은 이미 이러한 패러다임의 변화를 감지하고 신지식인 육성을 위한 실천전략을 실행에 옮기고 있다.

앨 고어 미국 부통령은 1999년 1월에 열린 '직업 정상회담(Jobs Summit)'에서 "미국이 21세기 번영을 계속 구가하려면 지식경제에 걸맞은 인력을 육성하는 것이 급선무"라고 강조했다.

이는 신지식인을 국가적 차원에서 육성해 다가오는 지식경제에서도 선진국으로서의 주도권을 놓치지 않겠다는 미국의 의지를 표현한 것이기도 하다.

영국 정부도 1998년에 '경쟁력 있는 미래, 지식기반경제 구축'이라는 보고서를 내고 영국이 지식기반경제에서 경쟁력 있는 국가로 거듭나기 위한 전략을 적극 실행에 옮기고 있다. IMD 국가경쟁력 보고서에서 항상 1,2위를 다투고 있는 네덜란드 정부와 핀란드 정부도 이미 90년대 초반부터 각각 지식기반경제에 대비한 시스템 구축작업을 진행해 왔다.

아시아권에서는 싱가포르 정부가 최근 '산업의 지식화'에 초점을 맞춘 경제 청사진을 공개하면서 제조업 근로자 3명 중 2명을 지식근로자로 만들겠다고 천명하고 나섰다. 또한 중국도 최근 우리의 신지식인 운동과 유사한 캠페인을 범정부 차원에서 전개하기 시작했다.

이 같이 세계 경제전쟁에서 한 발 앞서 나가는 나라들은 신지식인 육성전략에도 우위를 점하고 있다는 사실을 주목해야 한다.

신지식인, 새로운 밀레니엄의 주역

'신지식인' 개념은 1998년 12월 초 매일경제가 1년여의 연구를 거쳐 소개한 '한국 신지식인 보고서'를 통해 국내에서는 처음으로 언급됐다.

한국 신지식인 보고서에서 정의한 신지식인은 '끊임없는 학습과 지식습득을 통해 자신의 일하는 방식을 개선·개발·혁신하고 이를 다른 사람들과 공유·활용함으로써 부가가치를 높여나가는 사람'이다.

이러한 정의에 따르면 '컴퓨터의 황제' 빌 게이츠도 물론 신지식인이지만 배달부, 파출부, 농사꾼과 같이 과거 몸으로 때우던 직업에 종사하던 사람들 누구나 신지식인이 될 수 있다.(그림 3 참조) 반면에 우리가 지금까지 지식인으로 여겨왔던 부류의 사람들은 21세기 지식·정보화 사회에 걸맞은 신지식인 범주에 들어가지 않을 수도 있다.

예컨대 10년 전이나 지금이나 똑같은 강의 노트를 가지고 강단에 서서 학생들을 가르치거나 몇 년이 지나도록 관련 학회나 저널에 자신의 새로운 연구논문을 발표하지 않는 대학교수는 분명 신지식인의 대열에 들 수 없다는 것이다. 이들은 자기 신분을 누릴 줄만 알았지

새로운 지식을 습득, 행동으로 실천하는 데는 인색한 나머지 사회적 가치를 창출하지 못하기 때문이다.

하지만 끊임없는 연구활동과 새로운 지식습득 및 창출 과정을 통해 자신 또는 다른 이들의 일하는 방법을 개선·개발·혁신시키는 동시에 이를 다른 사람들과 공유함으로써 활용도를 높이는 데 역점을 두는 교수, 또 이러한 과정을 토대로 개인은 물론 사회 전반에 걸쳐 새로운 부가가치를 창출하는 교수들은 명실상부한 신지식인의 반열에 올라설 수 있을 것이다.

결국 어떤 분야에서든 자기의 일과 관련된 지식을 끊임없이 체득하고 공유하며 이를 부가가치 창출로 연결시킬 줄 아는 사람을 우리는 신지식인이라 부를 수 있다. 지식의 새로운 가치를 깨닫고 자기분야에서 지적역량을 최대한 키워나가는 사람이면 누구나 신지식인이 될 수 있다는 것이다.

신지식인이란

신지식인이란 어떤 사람을 일컫는가. 앞서 언급했던 '끊임없는 학습과 지식습득을 통해 자신의 일하는 방식을 개선·개발·혁신하고 이를 다른 사람들과 공유·활용함으로써 부가가치를 높여나가는 사람'이란 구체적으로 어떤 의미인가. 신지식인의 정의를 좀더 자세히 살펴보자.

누구나 될 수 있는 현재진행형 인간, 신지식인

신지식인은 일하는 현장이나 생활 속에서 자신의 두뇌를 활용하고 사고하면서 이성을 동원할 수 있는 모든 '사회적 인간' 즉, 일반 대중을 대상으로 한 개념이다. 모든 인간들은 나름대로의 생각을 갖고 행동하며, 그 행동을 결정하는 과정에서 기존에 자신이 체득한 지식

(Knowledge)을 바탕으로 한다는 특성을 지니고 있다. 따라서 사회의 의견을 만들고 이끌어 나가는 사회지성(Intellectuals)이나 전문적이고 고도로 기능적인 지식을 지닌 전문직업인(Professionals) 등도 신지식인의 범주에 들어올 수 있다.

신지식인은 그가 어떤 지식을 갖고 어떠한 역할을 하는 지식인이든, 사회를 구성하고 있는 보통 사람이든지에 상관없이 지식활동 과정을 통해 체득한 지식을 활용하는 사람 모두를 대상으로 한다는 것이다. 결론적으로 신지식인은 학력과 직종에 상관없이 누구나 될 수 있는 존재라는 것이다.

신지식인은 그러나 체득한 경험이나 지식 그 자체만(Knowledge Itself)을 지니고 있는 것으로 만족해선 안 된다. 신지식인은 과거에 안주하는 인간의 모습이 아니기 때문이다. 신지식인은 과거의 지식을 갖고 이를 토대로 먹고사는 인간이 아니라, 그 지식을 끊임없이 개선·개발·혁신하는 '현재진행형' 인간으로 개념지어질 수 있다.

생활 현장 속의 인간, 신지식인

지식은 인간이 존재하면서부터 중요한 것으로 인식돼 왔다. 이러한 지식이 21세기를 눈앞에 둔 시점에서 더더욱 강조되고 있는 이유는 지식 그 자체뿐만 아니라 그 것을 어떻게 다루고 활용하는가의 문제와 깊은 연관을 지니고 있다. 지식기반경제 혹은 지식·정보화 사회에서는 과거 산업경제사회에서보다 더 많은 지식과 정보가 창출되고 쓰여지기 때문이다.

빌 게이츠 마이크로소프트사 회장은 최근 발간한 『빌 게이츠@생각의 속도』에서 "21세기에는 정보를 얼마나 빠르게 수집하고 활용하는가에 따라 개인과 기업, 국가의 운명이 결정될 것이다"라고 말하고 있다.

따라서 신지식인은 현장경험 지식이든 학문적 지식이든 단 하루도 배우고 익히는 일을 게을리해서는 안 된다. 지식·정보화 사회에서 평생학습이 중요시되는 것도 바로 이러한 이유에서다.

신지식인은 또한 터득한 지식이나 경험을 각자의 일이나 생활에 적용시켜 '개선·개발·혁신'의 도구로 활용할 줄 알아야 한다. 즉, '지식'을 현실 개선과 혁신으로 연결시킬 수 있어야 한다는 것이다.

따라서 신지식인의 이러한 정신자세와 행동의 결과는 실생활이나 삶의 현장 속에서 '자신의 일하는 방식'을 얼마나 개선·개발·혁신시켰느냐에 달려 있다고 해도 과언이 아닐 것이다.

배려하는 인간, 신지식인

인간은 혼자만의 힘으로 살아갈 수 없다. 인간이 '사회적 동물'로 개념지어진 것도 바로 이 때문이다.

이러한 사실은 지식기반경제 혹은 지식·정보화 사회에서도 예외가 될 수는 없다. 지식기반경제에서 지식은 하나의 '생명체'처럼 다뤄진다. 즉, 지식이 만들어지고 확산되고 활용되는 과정을 거치면서 새로운 지식으로 거듭난다는 것이다.

따라서 지식이 보다 효율적으로 확산·활용되기 위해서는 한 사람이나 조직에 의해 독점되는 것보다는 여러 사람이나 조직에서 공유되는 것이 바람직하다는 얘기다. 신지식인에 대한 정의 중에서 '지식 공유'가 강조되고 있는 것도 이런 맥락에서 해석될 수 있다.

설령 '끊임없는 학습과 지식습득을 통해 자신의 일하는 방법을 개선·개발·혁신'시켰다 하더라도 이러한 과정과 노하우를 자기 자신만 독점하고 있다면 부가가치의 창출효과는 그만큼 줄어든다. 더욱이 21세기 지식기반경제에서는 정보통신기술(IT)의 발달로 인해 어떠한 지식을 독점함으로써 누릴 수 있는 장점 자체가 과거에 비해 적어질 것이다.

자신이 터득하고 개선·개발·혁신시키는 데 쓰여졌던 지식을 남들과 공유하기 위해서는 우선 자신만큼이나 남들을 소중히 여기고 배려할 줄 알아야 한다. 다른 사람을 배려하지 못하는 사람은 결코 자신의 지식을 남들과 공유하지 않으려 들 것이기 때문이다.

지식이론의 대가인 노나카 이쿠지로 교수는 지식이 창출·공유되는 공간의 개념으로 '마당(場)'을 강조하고 있다. 노나카 교수에 따르면 마당은 작게는 개인의 마당에서부터 가족의 마당, 조직에서 팀의 마당, 더 나아가 조직 전체나 공동체의 마당으로 확대될 수 있다. 지식·정보화 사회에서 이러한 마당이 활성화되기 위해서는 지식을 공유하려는 개개인의 마음가짐과 문화가 갖춰져야 한다고 노나카 교수는 강조한다.

실천하는 인간, 신지식인

신지식인의 지식은 단지 머리에만 담아두는 지식이 아니라 실천적인 지식, 현실 개선을 위해 활용되는 지식이다. 이는 신지식인이 적극적이고 능동적인 실천의지를 지니고 있어야 한다는 의미이다. 즉, 자신이 터득한 지식을 적극적으로 활용함으로써 가치를 추구하는 능동적인 의지(Willingness)와 이를 실천하는 자세가 밑거름이 된다는 것이다.

예컨대 수학자가 연구를 많이 해서 수학에 대한 해박한 지식을 습득하고 있지만 새로운 이론을 만들어내거나 터득한 지식을 활용해서 학생들을 가르치는 능력은 형편없다고 하자. 그는 수학교수라는 영역에서 신지식인이라고 불릴 수 있을까. 아니다. 그는 단지 연구하는 학자일 뿐이다.

왜일까. 이 수학자는 자신이 터득한 지식이나 경험을 적극적으로 실천하는 데 인색했기 때문일 것이다. 또한 자신의 지식을 활용하는 능력을 실천에 옮기지 못했다. 결국 신지식인은 지속적이고도 능동적인 실천의지를 갖고 이를 적극적인 행동으로 보여주는 사람이다.

신지식인의 '실천하고자 하는 의지'는 지식활동을 체계화·효율화하는 데도 도움이 된다. 뿐만 아니라 지식활동의 산물인 지식을 활용해 자신을 계발하는 데 중요한 역할을 하게 된다.

부가가치를 높여나가는 인간, 신지식인

신지식인은 자신이 터득하고 경험한 새로운 지식을 적용해 경제적·사회적 부가가치를 극대화시킨다는 특징을 지니고 있다.

이를 위해서는 먼저 업무를 혁신해 나가고 일의 생산성을 높이는 일이 선행돼야 한다. 그렇다고 해서 신지식인이 반드시 경제적 가치와 생산성의 향상만을 목표로 하는 것은 아니다. 실제로 혹자는 신지식인이 자신이 터득한 지식을 활용해 많은 돈을 거머쥐어야만 될 수 있는 존재로 인식하고 있다.

그러나 이는 신지식인에서 말하는 '가치'를 경제적 가치에만 국한시켰거나 '가치'의 의미를 잘못 이해한 데서 비롯된 것이다. 신지식인이 추구하는 '지식'은 그것을 창출하거나 새로 터득한 사람에게는 물론 그 사람이 속한 조직, 주위 사람들, 더 나아가서는 사회 전체에 기여하는 '도구'이다. 따라서 신지식인이 추구하는 '가치＝돈'이라는 공식은 100% 정답이라고 할 수 없다.

때때로 새로 체득하고 창출한 지식이 자기 자신이나 자기가 속한 조직에는 이익이 되지만 다른 사람들이나 사회 전체에는 해가 되는 경우도 있을 수 있다. 이 경우 신지식인이 추구한 '가치'는 사회가 요구하는 기본적인 수준의 윤리적인 측면을 반영하고 있어야 한다. 또 실행되는 방식도 사회적으로 용인 가능한 것이어야 한다.

아무리 자신이나 자신의 조직에 의미 있는 활동이라고 해도 공공의 이익을 위해 다수에게 가치를 제공할 수 있어야 한다. 결론적으로 신지식인과 관련된 '가치'는 일반 개인이 추구할 수 있는 모든 종류의 가치로서 사회적 정당성을 지니고 있어야 한다.

신지식인, 어떤 조건 갖춰야 하나

신지식인은 새로운 밀레니엄을 이끌 지식사회의 주역이다. 그러나 신지식인은 어느 날 갑자기 하늘에서 떨어지거나 땅에서 솟아나는 것은 아니다. 신지식인은 미래에 대한 뚜렷한 목표(혹은 목표의식)를 토대로 현재의 상황에서 끊임없이 자기 자신을 개선·개발·혁신하는 '현재진행형' 인간이다.

그렇다면 신지식인들이 지니고 있는 공통점은 무엇일까. 또 신지식인으로 거듭나기 위해서는 어떤 조건을 갖춰야 할까.

신지식인은 기본적으로 다양한 지식을 체득하고 있어야 한다. 여기서 말하는 지식은 책 속의 지식(형식지)은 물론 경험을 통해 머리 속에 체화된 지식(암묵지)을 의미한다. 또한 매일경제와 이화여대 정보화전략연구센터가 함께 펴낸 『新지식인』에서 언급된 것과 같이 사물에 대한 지식(사물지)과 어떤 사실에 대한 지식(사실지) 그리고 문제해결 방법에 대한 지식(방법지)도 언급될 수 있다.

중요한 것은 형식지나 사물지·사실지를 알고 있다 하더라도 암묵지나 방법지를 활용하지 못한다면 신지식인으로서 한계를 드러낼 수 있다는 것이다. 그러면 이러한 지식을 체득하고 있다는 것만으로 신지식인이라는 칭호를 붙일 수 있을까. 앞서 언급했듯이 현재진행형 신지식인이 되기 위해서는 정신자세, 습관, 기본능력 등의 기본 소양이 삼위일체를 이뤄야 한다.

이를 토대로 신지식인으로 거듭나는 데 필요한 '지식고도화 과정'을 잘 수행해 나갈 수 있기 때문이다. 지식고도화 과정이란 어느 한 사람이 지식의 생성·저장·활용·공유 등 네 단계의 지식활동을 다양한 방법으로 수행하면서 자식의 지적역량을 강화하는 것을 말한다.

신지식인으로 탈바꿈하는 데 필수적인 정신자세와 습관, 기본능력을 소개한다.

정신자세

우선 신지식인이 되기 위해서는 '자기 자신을 관리하는 마인드'를 가장 먼저 확립해야 한다. 다시 말해 짧은 시간이라도 소중히 여기고 잘 활용하려는 정신자세(시간 지향적 마인드)가 필요하다는 것이다.

또 일부분이 아니라 전체를 꿰뚫는 안목으로 문제해결 방안을 찾아내고자 하는 마음가짐(통찰력)을 갖추고 있어야 한다. 변화하는 시대적 흐름에 항상 귀를 기울이고 깨어있는 자세, 즉 선견지명의 혜안도 지니고 있어야 한다. 예컨대 어떤 일을 기획 또는 제작할 경우 부분에 집착하지 않고 변화하는 전체의 모습을 포괄적으로 바라보는 거시적인 마인드가 필요하다.(그림 4 참조)

아울러 중요한 선택을 해야 할 때 확고하게 선택하고 결정하는 결
단적 마인드도 빼놓을 수 없다. 과감하게 수행하려는 마음가짐을 토
대로 남보다 많은 경험을 해야 한다. 지식을 창출하고 활용할 때 다른
사람들이 꺼리거나 쉽게 시도하지 못하는 일이라도 과감하게 밀어붙
이는 프론티어 정신을 갖고 있으면 다른 사람들이 엄두도 내지 못하
는 경험을 하게 된다.

이처럼 개인 차원에서 갖춰야할 마음가짐과 함께 중요시되는 것이
외부 환경과의 소통을 위해 필요한 마인드들이다. 이는 타인과의 관
계뿐만 아니라 조직 내의 생활에 있어서 필수적인 것들이다.

먼저 타인지향성은 나보다는 타인을 중요시하는 마인드로 다른 사
람들과의 관계를 중요시하는 것을 말한다. 대인관계가 원만하지 않으

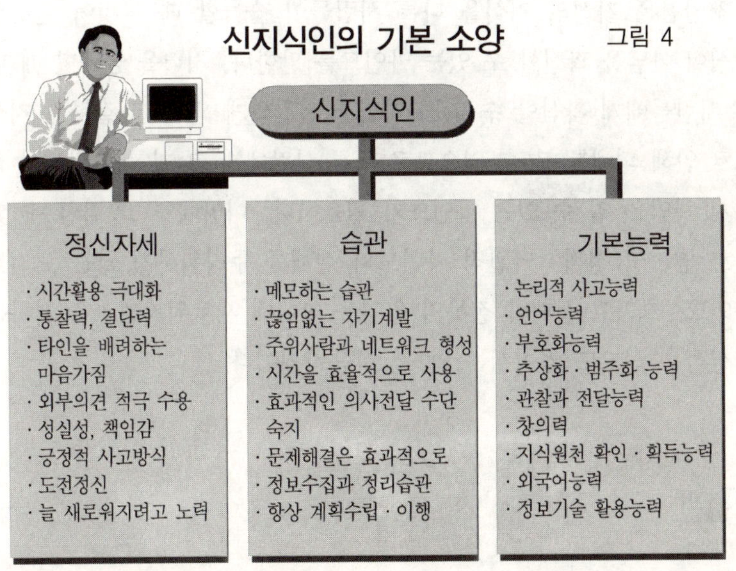

자료 : 매일경제-이화정보화전략연구센터, 신지식인 보고서, 1999

면 다른 사람들로부터 지식을 전이받기 힘들다. 자신의 지식을 공유할 때도 마찬가지다. 효과적인 대화 방법이 필요하고 지식을 정확하게 전달하기 위해서는 타인의 입장을 고려할 줄 알아야 한다.

개방적·수용적 마인드 역시 다양한 시각을 인정하고 타인의 의견을 수용하는 데 있어서 필수 불가결하다고 할 수 있다. 지식을 생성·활용·공유할 때 타인의 의견을 다양하게 받아들이고 다양한 활용방법을 찾아내거나 자신의 지식에 대한 타인의 피드백을 개방적으로 받아들여 더욱 고도화된 지식을 생성하는 데 필요하기 때문이다.

중도에 포기하지 않고 끝까지 꾸준하게 진행하는 성실성도 빼놓을 수 없다. 성실성은 특히 학습을 통해 지식을 생성해낼 때 가장 필요하다. 타인의 형식지나 암묵지를 받아들일 때 꾸준한 관찰과 대화노력이 있어야 하기 때문이다.

책임감은 자신의 지식을 다른 사람들이 습득할 때 그것이 잘못된 지식이 아님을 확신할 수 있는 마인드를 말한다. 지식을 공유할 때 다른 사람들에게 확신할 수 없는 지식을 전달하게 되면 그 잘못된 지식으로 인해 피해를 볼 수 있으므로 다른 사람에게 그 지식에 대해서 끝까지 책임을 질 수 있는 마인드가 필요하다. 이밖에도 늘 잘할 수 있다고 믿는 긍정적·낙관적 마인드와 실패를 두려워하지 않는 도전적 마인드, 그리고 실패나 잘못의 원인을 찾아내 새로워지려고 노력하는 개선적 마인드도 없어서는 안 될 마음자세이다.

습관

신지식인이 되기 위해서는 기본적으로 자기 자신을 관리하는 것이 중요한데 시간활용 습관, 자기계발 습관, 메모하는 습관이 그 것들이다. 이러한 습관들은 앞에서 언급한 마음자세를 기초로 하고 있다.

즉 자기 자신을 관리하기 위해 시간을 적절히 활용하고 새로운 사실을 빠뜨리지 않고 메모하는 습관을 길러야 한다는 것이다. 또 그날그날의 결과나 자료들을 체계적으로 기록·저장하는 습관도 필요하다. 특히 지식은 휘발성이 강하고 한 곳에 오래 머무르지 않는 속성을 지니고 있기 때문에 지속적인 메모와 저장을 통해 새로 습득한 지식을 자신의 것으로 만드는 과정이 중요하다.

이와 함께 꾸준한 독서나 인터넷 검색 등을 통해 자기 자신을 계발하는 습관도 필요하다. 현재 상태에 만족하지 않고 목표에 도달할 수 있도록 노력하는 일을 습관화해야 한다는 것이다.

다른 사람들과 어울려 지식을 창출하고, 이를 공유·활용하는 과정에서 필요한 습관들도 빼놓을 수 없다. 즉 타인관리 습관과 대화 습관이다. 타인관리 습관은 먼저 인사를 하거나 장점을 칭찬하거나 친절하게 대하는 등 다른 사람과 원만한 관계를 유지하기 위해서 필요한 습관을 말한다.

대화 습관은 타인관리 습관과 비슷한 면도 있지만 주로 대화에 초점을 맞춘 습관을 말한다. 예컨대 대화 사이에 유머를 넣어서 상대방을 편하게 함으로써 새로운 아이디어 등을 잘 도출해 내는 것 등을 들 수 있다.

이 밖에 문제해결을 효과적으로 하기 위해 자신에게 맞는 방법으로 처리해 나가는 문제해결 습관. 목표달성에 필요한 각종 정보를 열정적으로 수집하고 효과적으로 정리하기 위해 필요한 정보수집·정리습관, 그리고 작은 일을 하더라도 일정과 내용, 방법 등의 계획을 세우는 습관도 중요하다.

기본능력

　개인의 지식고도화 과정에서 요구되는 능력들은 개인이 지식을 활용해 문제를 해결하며 가치를 창조하거나 개인의 지식을 고도화해 가기 위해 필요한 기본적인 능력들을 말한다. 이러한 기본능력들은 지식의 생성단계·저장단계·활용단계·공유단계 등의 각 단계별로 구분될 수 있다.

　먼저 지식 생성단계에서는 지적 호기심에 바탕을 둔 관찰능력과 인과관계를 추론할 수 있는 능력이 있어야 한다. 또 책 속에 담겨있는 지식(형식지)을 획득하기 위해서는 언어 이해력과 컴퓨터 활용 등 정보기술능력을 필수적으로 갖춰야 한다. 특히 인터넷상의 홈페이지 대부분이 영어로 구성돼 있는 점을 감안하면 영어를 적절히 활용할 수 있는 능력을 갖추는 것이 중요하다. 아울러 경험을 통한 지식생성을 위해서는 도전정신과 수용성을 갖춰야 하고 자료를 수집·가공하는 능력과 논리적 통합능력이 필요하다.

　지식 저장단계에서는 지식을 분석하고 변별하는 능력과 사고를 논리적으로 전개하고 개념화할 수 있도록 구성력 및 추상화 능력을 갖추고 있어야 한다. 또 지식을 효과적으로 저장할 수 있도록 적절한 정보통신기술(IT) 활용능력을 갖추는 것도 필요하다.

　정보통신기술 활용능력은 전미제조업자협의회(NAM)에서 지식근로자의 첫 번째 조건으로 꼽은 것처럼, 신지식인이 되기 위한 중요한 조건중의 하나이다. 21세기 지식기반사회에서는 노동과 자본을 대신해 지식과 정보가 부가가치 창출의 원천이 될 것이며, 컴퓨터와 인터넷은 이러한 지식과 정보를 용이하게 수집·가공할 수 있도록 도와주는 핵심 기술이기 때문이다.

지식을 제대로 활용하기 위해서는 문제의 핵심을 파악할 수 있는 상황판단력과 논리적 추론력, 시간관리기술을 갖추고 먼저 전략을 수립해야 한다. 또 전략을 수행하기 위해서는 응용력, 창의력, 분석력 등이 요구되며 시간관리기술도 필요하다.

이 밖에 지식 공유단계에서는 대화를 통해 자신의 지식을 전달하는 지식전달능력과 신뢰조성능력, 지도능력, 결과평가능력 등이 필요하다. 또 개방적 마인드를 기반으로 컴퓨터나 보고서 등의 공유수단을 확보하는 능력과 지식전달 대상자를 선정할 수 있도록 하는 지식수요 파악능력이 중요하다.

신지식인 10계명

굴뚝에서 연기만 내면 돌아가던 경제체제가 이젠 머리 속의 지식과 아이디어로 움직이는 지식경제시대로 접어들었다. 이제 국가경제는 개인의 머리 속에 잠자는 지식을 어떻게 끄집어내느냐가 관건이다. 일상생활 속에서 신지식인으로 거듭나기 위해서는 지식의 습득과 창출 활용 등에서 남다른 노력이 필요하다.

21세기 주역이 될 '신지식인 10계명'을 소개한다.

① 누구나 지식을 창출할 수 있다는 신념을 가져라

지식은 많이 배운 사람의 전유물이라는 생각에서 탈피하라.

② 특화된 지식을 찾아라

누구나 어떤 분야에 있든 자기만의 노하우가 있다. 자신의 일을 되돌아보고 잘 살펴라.

③ 경험을 반드시 기록하라

기록은 지식창출의 첫걸음이다. 기록을 토대로 아이디어가 생긴다. 아이디어는 다시 기록하라. 지식은 휘발성이 강하다.

④ 당신이 소유한 지식을 분류하라

지식을 나름대로 세분화시켜 분류하고 제목을 달아놓으면 관련 정보를 보다 효율적으로 입수할 수 있다.

⑤ 여러 분야의 사람과 교류하라

교류는 자신의 지식이나 정보를 더욱 유용하게 한다. 때로는 시간을 단축할 수도 있고 새로운 아이디어를 찾을 수 있다.

⑥ 지식을 남과 공유하라

지식의 공유과정은 보다 효과적인 지식활용의 기초를 만든다. 창출된 지식은 공유과정을 통해 진화된다.

⑦ 지식을 얻을 때는 분명한 목표를 가져라

신문 하나를 봐도 어떤 자료를 찾겠다고 하는 목표를 갖고 찾는 것과 그냥 보는 것과는 엄청난 차이가 있다.

⑧ 창출한 지식은 계속 진화시켜라

지식의 생성주기가 갈수록 짧아지고 있다는 사실을 잊지 말라. 오늘의 지식은 언제든지 진보된 지식으로 교체된다.

⑨ 주기적으로 자신의 이력서를 갱신하라

자신이 지식확보에 있어서 어떤 수준에 있는지 주기적으로 평가하는 기회를 가져라. 이력서 작성을 통해 과거에 비해 향상되고 있는 지 스스로 비교해 보라.

⑩ 지속적인 지식창출에 끊임없는 열정을 가져라

평소에 정서가 풍부한 사람이 되도록 연습하라. 누구보다도 자신에게 엄격한 사람이 돼야 한다.

신지식인은 새로운 사회의 주역이다

어느 한 개인이 위에서 언급한 정신자세와 습관, 기본능력을 모두 겸비했다고 해서 신지식인으로 거듭날 수 있을까.

물론 개인 차원에서 이러한 조건을 갖춘다면 신지식인이 되는데 필요한 기본적인 토대는 구축됐다고 할 수 있다. 그러나 개인의 노력 못지 않게 정부 차원에서도 신지식인이 자라날 수 있는 토양을 만드는 작업이 병행돼야 한다.

개인의 노력과 정부 차원의 제도적 여건 마련이나 관행 개선 등의 노력이 합해져야 비로소 신지식인이 자라날 수 있는 필요충분조건이 갖춰졌다고 할 수 있기 때문이다.

신지식인이 존경받고 보상받는 문화를 만들자

우리는 그동안 사농공상(士農工商)을 중시하는 유교적 사고의 틀 속에서 살아왔다. 이러한 사고방식은 고도의 경제성장기와 맞물려 학력을 우선시하는 풍조로 이어져 왔다. 지식경영이론의 대가인 노나카 이쿠지로 교수도 한국의 이러한 문화가 '선비정신' 혹은 '양반정신'에 깊숙이 자리잡고 있다고 지적한 바 있다.

이러한 문화가 반드시 나쁘다는 의미는 아니다. 다만, 학문적 지식은 물론 현장경험 지식이 자유롭게 습득되고 확산돼서 활용되는 새로운 밀레니엄에는 보다 바람직한 문화로 개선돼야 한다는 것이다. 즉, 학력이 어느 한 사람의 모든 것으로 좌우하는 사회적 풍토가 달라져야 한다. 한 걸음 더 나아가 지식기반사회의 주역인 신지식인이 존경받고 보상받을 수 있는 환경이 조성돼야 한다.

이를 위해서는 사회 전반에 걸쳐 기존의 학력중시 풍조를 개선하는 작업이 추진돼야 한다. 특히 기업체의 인사관행은 물론 중앙정부나 지방자치단체의 공무원 임용관행도 크게 달라져야 한다.

또한 지적재산권에 대한 보호가 한층 강화돼야 한다. 이를 통해 지식을 창출하고 공유하는 활동에 대해 각종 인센티브를 제공해야 할 것이다.

평생학습기반을 구축하라

획일적이고 암기 위주의 현행 교육체제는 시급히 개선돼야 한다. 그동안 실사구시(實事求是)에 역행하는 가치체계로 인해 우리의 실제

생활과 학문은 괴리돼 있었다. 이 때문에 문제해결에 필요한 방법적 지식보다는 책 속의 지식만을 가르치는 교육체계가 형성됐다.

한국 학생들에게 창의력이 부족하다는 것은 이미 잘 알려진 사실이지만 이는 결국 창의력을 길러주는 교육이 이뤄지지 않았다는 뜻이다. 어려서부터 스스로 생각하는 게 아니라 기존의 가치체계를 따르도록 강요받음으로써 새로운 지식을 창조하려는 노력을 소홀히한 것이다.

어느 한 분야에서 눈에 띄는 전문가를 양성하기보다는 기존의 틀(학교성적, 입시 등)에 순응하는 보통 사람들을 만드는 데 역점을 둔 교육목표는 이제 새롭게 달라져야 한다. 또 창조적인 인재를 양성할 수 있도록 입시제도와 교과과정, 교사 양성과정 등 각종 교육제도를 개선해야 한다.

학교 안에서의 교육에만 관심을 갖고 교육의 수요측면을 등한시한 정부와 학부모의 자세는 21세기 지식기반사회 혹은 지식기반경제에 크나 큰 걸림돌로 작용하고 있다. 따라서 창의력을 배양할 수 있는 교육과정 개발 못지 않게 평생교육 혹은 2차 교육을 장려하는 정책적 대안이 제시돼야 할 것이다.

우선 지역중심의 평생학습관이 운영되고 전문대를 중심으로 한 재취업 및 전직교육 프로그램이 더욱 활성화돼야 한다. 또 이에 필요한 예산도 적극 지원돼야 할 것이다. 아울러 평생교육기관들 간에 수직적·수평적 네트워크 및 정보교류망이 구축되고 원격대학이나 원격교육시설에 대한 법적 근거가 마련돼야 한다. 기업체들도 원하는 인력을 자체적으로 양성할 수 있어야 한다. 이를 위해 기업들이 설치한 사내대학을 양성화하는 방안도 적극 모색돼야 한다.

이밖에 평생학습기반이 조성되려면 경험학습자들이 전문대학이나 대학에 편입학할 수 있는 기회가 주어져야 한다. 또 학점은행제가 확대되고 학습자의 선택의 폭을 넓히기 위한 평가 인정기관 및 학습과목이 늘어나야 한다. 중요무형문화재와 문하생의 학력인정제도도 도입하는 것이 바람직하다.

평생직업능력 개발 체제를 확립하라

모든 근로자들이 직업능력을 지속적으로 개발할 수 있는 제도적 기반이 마련돼야 한다. 이를 위해서는 현행 직업교육훈련도 지식기반산업의 창출을 지원하는 방향으로 개선돼야 할 것이다. 이를 통해 산업현장에 필요한 지식근로자를 양성해 나가야 한다.

현행 관주도의 직업교육훈련 시장에 민간의 참여폭을 더욱 늘려 산업현장의 다양한 수요를 적극 반영해야 한다. 아울러 직업교육훈련에 대한 사회적 인정체제를 강화해야 한다. 국가기술자격검정 기준도 첨단·지식기반산업 및 평생교육 프로그램과 연결될 수 있도록 개선돼야 한다.

이와 함께 새롭게 창출된 지식이 제대로 활용될 수 있도록 도와주는 벤처캐피털을 적극 육성하고 국가 지식의 체계적인 저장과 활용에 필요한 국가지식시스템을 구축하는 작업에도 적극 나서야 한다. 아울러 지식의 효율적인 확산을 돕기 위해 정보화 인프라를 구축하는 작업도 게을리해서는 안 될 것이다.

정부의 이러한 노력이 결실을 이룰 때 한국은 지식기반경제 하에서 선진국과의 지식격차를 줄일 수 있는 것은 물론 확고한 경쟁력을 지닌 '두뇌강국'로 거듭날 수 있을 것이다.

지식, 신지식인
-하이예크에서 드러커까지

하이예크의 신지식인론

신지식인 개념의 철학적 배경은 하이예크(F. Hayek)까지 거슬러 올라간다. 하이예크는 시장의 기능에 대하여 이야기하면서, 전통적인 기능인 노동의 분업(Division of Labor)을 통한 효율성의 달성에 못지 않게 지식의 분업(Division of Knowledge)을 통한 효율성의 달성을 강조했다.

하이예크에 따르면 지식에는 두 종류가 있다. 하나는 '추상적 지식', 그러니까 대학에서 연구되는 학문적인 지식이고, 다른 하나는 '구체적 지식' 즉, 현장에서 경험을 통해 얻어지는 지식이다.

구체적 지식은 언어로 표현 가능한 '명시적 지식'보다는 언어로 표현할 수 없어 전달이 어려운 '암묵적 지식(Tacit Knowledge)'이 대부분을 차지한다. 암묵적 지식은 개개인들이 자신들의 삶의 과정에서 갈고 닦아 스스로 터득한 지식으로서, 실용적 능력을 결정한다.

이와 같이 하이에크는 '지식의 분업'과 관련한 논의에서 '과학적이라고 불릴 수 없는 지식이기는 하지만 매우 중요하며 조직화되지 않은 일단의 지식(특정한 시간과 장소에서 특정한 환경에 관한 지식)'이 분명히 존재한다는 것을 지적했다. 즉, 모든 일반 대중이 지식활동의 주체가 될 수 있음을 강조한 것이다.

모든 개인들 각자가 실제로 모든 다른 사람들에 비해서 약간의 우위를 갖는 것은 바로 이런 지식과 관련된다. 각 개인은 정보에 의거하는 의사결정이 각자에게 위임되거나, 그의 능동적인 협조와 함께 그런 의사결정이 이루어지는 경우에만 오로지 유리하게 활용될 수 있는 유일한 정보를 보유하고 있기 때문이다. 모두 다른 사람들에게는 알려지지 않는 짧은 순간의 환경에 관한 특별한 지식에 기초하여 특출하게 유용한 기능을 수행하고 있다.

따라서, 하이에크에 따르면 누구나 자신의 일하는 분야에서 터득하는 구체적 지식을 바탕으로 일하는 방식을 끊임없이 개선하고 혁신함으로써 가치를 창출할 수 있다. 이렇게 개개인이 자신만의 지식을 창조·저장·활용하고 이를 시장의 기능을 통하여, 또한 적극적인 공유

프리드리히 폰 하이에크(F. Hayek) : 영국의 경제학자. 1899년에 오스트리아 빈에서 태어났고, 1931년 영국으로 건너가 런던대학의 교수가 되었으며, 1938년 영국에 귀화하였다. 그는 특유한 화폐적 경기변동론을 주장하였고, 정책으로는 자유 방임주의를 써야 한다고 제창하였다. 1974년에 자유주의의 이론적 기초를 확립한 공로로 노벨 경제학상을 수상했다.

의지를 통하여 전파·분배함으로써 국가경쟁력이 향상될 수 있다는
것이다.

피터 드러커 교수의 신지식인론

'신지식인' 개념을 처음으로 도입한 사람은 경영학의 대부인 피터
드러커다. 그는 '지식근로자(Knowledge Worker)'라는 용어를 지난
1993년 발간된 『자본주의 이후의 사회』(Post-Capitalist Society)
에서 본격적으로 거론했다. 그러나 자신이 지식근로자를 언급하기 시
작한 것은 지난 1960년대부터라고 주장한다.

● 지식이 중시되는 사회

드러커의 지식근로자론은 시대와 같이 변하는 지식의 역할로 시작
된다. 지식이 가져다주는 의미의 변화를 통해 산업혁명기 이후를 구
분했다.

첫 번째 국면은 1750년부터 100년까지의 기간. 이 기간 동안은
지식이 작업도구와 제조공정, 제품에 적용되던 시기로 산업혁명기에

피터 드러커(P. Drucker) : (美)경영학자이자 경영
자문가. 오스트리아 빈 출생. 빈대 법과 졸. 신문기자 역
임. 베닝턴대 교수. 미국에 귀화하여 뉴욕대 경영학과 교
수 역임. '갖고 있는 지식을 행동으로 옮겨야 지식근로자'
라는 이론으로 많은 학자들 사이에 반향을 일으키며 신지
식인 개념을 일반화시킨 현대경영학의 대부이다. 1993년
발간된 『자본주의 이후의 사회』(Post-Capitalist
Society)를 비롯해 여러 편의 저서가 있다.

해당된다. 두 번째 국면은 1880년부터 제2차 세계대전까지의 기간. 이 시기에 지식은 작업(Work)에 적용되면서 생산성에서의 혁명을 이끌었다.

세 번째 국면은 2차 대전 이후 지금까지 진행되는 시기로, 지식이 지식 자체에 적용되는 시기다. 드러커는 이 시기를 '경영혁명(Management Revolution)기'로 보았다.

경영혁명기의 대표적인 특징은 지식이 빠른 속도로 자본이나 노동과 나란히 중요한 생산수단으로 자리잡고 있다는 것이다. 드러커는 지식사회가 되면 '지식'이 노동과 자본을 압도하는 생산수단이 될 것으로 보았다. 또 경영혁명기의 중요 생산수단인 '지식'을 갖고 있는 근로자를 '지식근로자'로 규정했다.

● 지식근로자에 대한 오해

드러커의 '지식근로자'는 우리에게 두 가지 오해를 던져줄 수 있다.

한국 사회에서는 비슷한 개념으로 '지식인'이 뿌리깊게 자리잡고 있기 때문이다. 드러커는 지식근로자의 예로 '전문가'를 들고 있어 오해의 가능성을 더욱 높게 한다.

우리 사회에서는 흔히 해당 분야에서 높은 수준의 지식을 갖고 있는 사람을 '전문가'라고 일컫는다. 전문적 지식을 갖고 있는 대학교수나 금융전문가 등 이른바 '가방 끈'과 전문가는 탄탄한 연결고리를 갖는 것으로 이해되고 있다.

드러커가 말하는 전문가는 실제로는 이 같은 개념과 거리가 있다. 그는 지식인과 '교육받은 사람(Educated Person)'을 분명히 구분하고 있다. "지금 전통적인 의미에서 '교육받은 사람'은 전혀 '교육받은 사람'으로 취급받지 못한다. 그들은 그저 학문 애호가 정도로 무시당하고 있다"라는 그의 표현에서 이를 확인할 수 있다.

지식인의 사례로 든 마크 트웨인의 소설 『아서와 정원의 코네티컷 양키』의 주인공이 바로 드러커가 말하는 지식근로자다.

"그는 라틴어도 그리스어도 몰랐고 아마 세익스피어와 성경조차도 읽은 적이 없었을 것이다. 그러나 그는 기계에 관한 것은 모든 것을 다할 줄 알았다."

지식근로자의 예인 '전문가'가 사실은 우리가 말하는 '지식인'과는 다르다는 것을 알 수 있는 대목이다. 그는 학식에 상관없이 자신의 분야에서 전문적인 지식을 갖고 있는 사람 모두를 '전문가'로 보고 이들이 바로 지식근로자의 후보라고 말했다.

최근 발간된 『21세기의 경영 도전』(*Management Challenges for the 21st Century*)이라는 책에서 그는 '지식근로자＝서비스업 종사자'라는 오해를 불식시키기 위한 노력을 펼쳤다.

드러커는 이전까지만 해도 지식근로자는 지식노동에만 관련 있는 것처럼 서술해왔다. 가장 최근에 발간된 이 책은 지식근로자들이 사실은 지식노동과 육체노동을 같이 한다고 설명했다.

●육체노동자도 지식근로자 가능

그는 노동의 대부분이 육체노동인 경우도 지식근로자의 범주에 들어갈 수 있다고 주장했다. 단, 지식근로자가 되기 위해서는 일을 처리하거나 작업과정을 진행하는 동안 지식노동이 중요 역할을 해야 한다는 것이다.

지식근로자는 우리가 흔히 말하는 지식인과 어떤 관계가 있을까. 드러커는 연결고리를 '행동(Action)'에서 찾는다.(그림 5 참조) 지식인이라고 해서 모두가 지식근로자는 아니며 자신이 갖고 있는 지식을 행동으로 옮기는 지식인만이 지식근로자라 할 수 있다는 설명이다.

흔히 우리 사회에서 지식인으로 대학교수, 학자, 정치인, 기자 등을 꼽는다. 지식인을 언급하면서 다소 비아냥 섞인 표현도 종종 같이 쓰인다. 바로 '별 볼일 없는'이라는 표현이다. 지식인 사회를 비생산적이고 수동적인 계층으로 말하는 경우도 많다.

드러커의 '지식근로자'는 이처럼 수동적인 '지식인'과는 거리가 멀다. 『자본주의 이후의 사회』에서 그는 "우리가 지금 지식이라고 생각하는 것은 스스로 행동으로 증명한다. 우리가 지금 지식이라고 의미하는 것은 행동을 하는 데 효과가 있는 결과에 초점을 맞춘 정보이다. 결과라는 것은 개인의 내면이 아니라 바깥쪽으로, 사회적·경제적으로 나타나며 혹은 지식 그 자체의 진보로 나타난다"고 설명했다.

지식근로자와 '지식인'을 구별하는 설명이 1971년 출간된 『미래기업』(*Managing for the Future*)'에서 잘 나타난다.

그는 지식사회의 대표적 현상으로 기술혁신을 들었다. 또 "기술혁신은 천재에 의한 것이 아니며 또한 기술적인 것도 아니다"라고 주장

피터 드러커의 지식근로자

그림 5

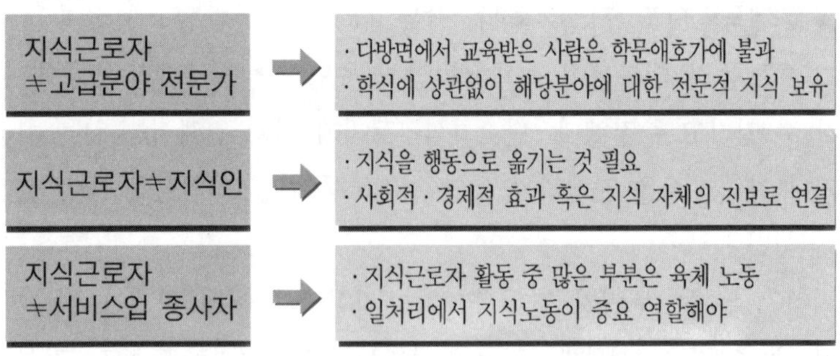

지식근로자=맡은 바 분야에서 전문적 지식을 통해 개선·개발·혁신을 추구하는 사람

했다. 기술혁신은 대단한 자격을 가진 사람의 전유물이 아니라는 것이다. 평범한 사람도 지식사회의 주역이 될 수 있으며 실제로 이 같은 사례는 역사를 통틀어 무수히 많다.

이제 피터 드러커가 주장하는 지식근로자가 의미하는 바는 분명해진다. 지식근로자는 학벌과는 큰 관련이 없다. 맡은 바 자기 분야에서 전문적 지식을 보유하고 있으면 지식근로자가 될 수 있다. 그렇다고해서 전문적 지식을 갖고 있는 것만으로 지식근로자라 말할 수 없다. 전문적 지식은 행동으로 이어져야 한다. 맡은 바 분야에서 개선·개발·혁신을 추구하는 사람이 바로 지식근로자인 것이다.

● 지식근로자와 경영

드러커는 지식근로자가 산업혁명기 이후 형성중인 지식사회를 이끌어 가는 원동력으로 믿고 있다. 또 지식근로자는 자기 능력을 꾸준히 개발·개선하면서 사회적 부가가치 증가로 이어지는 자가생산적 특성을 갖고 있는 것으로 보았다.

경영자의 주임무로 지식근로자가 역량을 발휘할 수 있는 환경을 조성하는 것으로 보았다. 여기에서 드러커는 경영자를 기업경영자로 제한하지 않는다. 그가 처음으로 도입한 '경영(Management)'이라는 용어는 기업뿐만 아니라 정부, 사회단체 등 사회조직 모두에 적용된다.

그는 모든 조직의 핵심을 지식근로자로 봤다. 이 부분이 바로 그의 학문적 연구 성과 중 가장 가치 있고 중요한 부문으로 간주된다. 경영에서 인간적 관점이 경제적 관점 이상으로 중요하다는 것을 강조한 것이다.

드러커는 지난 1940년대부터 근로자를 부가가치를 이끌어 내는 중요 원천의 차원에서 다룰 것을 주장했다. 『21세기 경영의 도전』이라는 책에서는 이 같은 관계가 다시 한번 강조된다. 근로자를 단순히 급여를 받아가는 비용적 차원에서 접근하지 말 것을 이 책은 간곡히 당부하고 있다. 마음속에서 우러나오는 근로에 대한 열의를 가진 '자원자(Volunteer)'라는 개념으로 지식근로자를 접근하라는 충고이다.

이 같은 주장의 핵심에는 근로자 개개인에 대한 믿음이 자리잡고 있다. 일이란 사회적 의미와 목적을 반드시 가져야 하며 이를 수행하는 개개인에게는 기회와 만족감이 주어져야 한다는 것이다.

이 같은 주장에서 도입된 개념이 임파워먼트(Empowerment)다. 드러커는 경영학의 중요한 용어가 된 이 단어를 이미 50년 전에 도입했다. 임파워먼트란 근로자에 어떤 성과를 내는 데 필요한 의사결정을 자율적으로 할 수 있도록 하는 것을 의미한다. 지식근로자의 역량을 의심하지 말고 그에게 가능한 한 많은 것을 스스로 해결하도록 맡기라는 게 그의 주장이다.

그는 생산성이나 품질이나 성과를 높일 수 있는 것은 근로자들이 해당 분야에 대해 알고 있는 지식인이라고 주장했다. 또 성과를 높일 수 있는 중요한 방법으로 개개 근로자와 팀이 해당 분야에 대한 지식 수준을 꾸준히 높이는 것으로 보았다.

지식사회를 맞는 경영자의 가장 큰 도전은 어떻게 하면 지식근로자의 생산성을 높이는가이다. 『21세기 경영의 도전』에서 드러커는 "과거 육체노동자의 생산성을 높이려는 것이 경영이었다면 앞으로는 '지식 작업(Knowledge Work)'의 생산성을 높이는 것이다"고 쓰고 있다. 이를 실천하기 위해서 경영자는 '두목(Boss)'이 아닌 '지도자(Leader)'가 될 것을 충고하고 있다.

당신도 신지식인입니다

2부

- 사회의 작은 등대, 큰 불빛
- 개선·개발에 멈춤이란 없다
- 지식은 나눌수록 빛을 발한다
- 컴퓨터는 내 친구
- 월드 베스트에 도전한다

사회의 작은 등대, 큰 불빛

역지사지 행정서비스
－안산시청 공무원 유구현

영어로 공무원은 'Civil Servant'이다. 즉, 시민의 하인이란 뜻이다. 다산 정약용의 '목민심서'에도 무릇 한 고을의 목사는 고을 백성들과 동고동락(同苦同樂)해야 한다고 명시돼 있다.

그러나 요즘 들어 세상 사람들에게 공무원이 주는 이미지를 한 단어로 정리하면 '권위적'일 것이다. 백성의 아픈 곳을 보듬어 주고 가려운 곳을 긁어주는 그런 '하인'이기에 앞서서 무지몽매(無知蒙昧)한 백성들의 머리 위에서 이래라 저래라를 일삼기 때문이다.

경기도 안산시청의 말단 공무원 유구현. 그에게는 적어도 이런 부류의 공무원상(像)을 찾아볼 수 없다. 적어도 그는 스스로를 '백성의 하인'으로 자처하고 있다.

"행정도 서비스입니다. 공무원의 입장에서가 아니라 주민들의 입장에서 행정을 바라보면 세상 자체가 다르게 보입니다. 그래서 새로운 것들을 자꾸 제안하게 되는 겁니다."

공무원 유구현은 아디이어맨이다. 공무원이 아니라 장사를 했어도 짭짤한 재미를 보고 있으리라는 짐작도 무리가 아니다. 그런데도 그는 스스로 동사무소의 말단직을 지원했고 현장에서 느끼는 불합리한 점들을 몸소 개선·개발·혁신시키려고 노력하는 흔치 않은(?) 공무원이다.

●모래시계 세대에서 공무원으로

유구현은 1980년대 '민주화 운동'이란 격동의 시대를 몸소 체험한 여러 사람 중 하나다. 당시 세대의 대부분이 그랬듯이 길거리에 나서서 돌멩이를 던지는 동안 그의 가슴 속에는 민주화에 대한 열망과 국가발전에 대한 강한 신념이 자리매김하게 됐다. 이러한 신념은 학교 졸업 후에도 그에게 경실련 활동을 하도록 만든다.

그러던 그에게 '튀는 공무원'의 길로 들어서게 만든 계기는 바로 지방자치시대의 개막이었다. "몇십 년만에 이 땅에 부활된 지방자치시대에 밑으로부터의 변화에 일조를 해야 되겠다는 다짐을 하고 경기도 지방공무원 7급 공채시험을 보게 됐다"고 그는 설명한다. 이때가 1995년, 그의 나이도 어느덧 서른 고개를 넘어 33살에 접어들었다.

"공무원으로서는 좀 늦은 출발이었지만 학생운동이나 경실련 활동 등 그 전까지의 경험을 토대로 지방자치의 발전과 '주민 만족을 넘어 주민 기쁨까지 창출하는' 행정서비스를 펼치는 공무원이 되고 싶었습니다."

　그가 처음 발령을 받을 당시 대부분의 초임자들은 동사무소 근무를 기피하는 분위기였다. 그러나 그는 동사무소 근무를 자원하다시피 했다. 주민들과 가장 밀접하게 닿아 있는 동사무소를 모르고는 행정을 제대로 배울 수 없다는 소신에서였다. 이렇게 해서 처음 발령 받은 곳이 '안산시 사2동 동사무소'였다.

●무서운 늦둥이

　이 곳 동사무소에서 '늦둥이 공무원' 유구현은 진가를 발휘한다. 평소 '행정은 사회의 발전을 위해 지속적으로 연구하는 것'이라는 철학을 실현하기 위해 그는 동사무소 소속의 말단 공무원임에도 불구하고 약 2년간 대주민 서비스 향상을 위해 자발적으로 시정에 관한 전반적인 연구에 몰입했다.

　또 직접적인 경험을 통해 얻은 정보를 토대로 정책개발 등의 제안을 담은 보고서를 꾸준히 시에 제출했다. 이 보고서는 잘못된 관행은 물론 현실과 괴리가 있는 불합리하고 비능률적인 행정절차 등을 실증을 통해 분석한 나름대로의 역작(?)들이었다.

　그러나 시의 반응은 냉담했다. 단지 말단 동사무소 직원이 개선안을 올렸다는 게 이유였다. '괜히 나서지 말고 네 일이나 잘 하라'는 식이었다.

　"뜻이 있는 곳에 길이 있다"고 낙심천만했던 그에게 또 한번의 기회가 온다. 1998년 민선시장체제가 출범하면서 안산시장이 개혁을 모토로 삼고 행정에 과감한 경영마인드를 도입한 것.

　그는 이러한 노력을 높이 평가받아 새로 조직된 '시정발전연구팀'으로 발령 받게 됐다. 그는 시장직속팀에서 본격적인 대민 행정서비스 개선을 위한 활동에 들어가게 된다.

● 역지사지(易地思之) 행정서비스

이곳에서 그는 관리자 명패제작 개선, 새로운 가로기(旗) 꽂이대 제작, 쓰레기 규격봉투 실명제, 수인협궤철로변 테마공원화, 안산시 5대행정서비스(파발이·발발이·깔끔이·도우미·나누미), 안산시청 정문·담장 철거 및 휴식공간 조성, 도로 안전시설물 설치 개선방안 등 수많은 아이디어를 쏟아낸다. 마치 '물고기가 물을 만난' 형국이다.

'쓰레기 규격봉투 실명제' 개선안을 내기까지 그의 고생은 이루 설명할 수 없을 정도다. 그는 쓰레기 배출상태를 파악하기 위해 3개월 간 새벽에 나와 환경미화원들과 함께 쓰레기를 청소차에 싣고 김포 매립지까지 갔다. 이 곳에서 악취가 나는 쓰레기를 직접 분리하는 작업을 실행하면서 쓰레기 처리행정을 비효율성과 예산낭비 사실을 깨닫고 쓰레기 규격봉투 실명제를 제안했다.

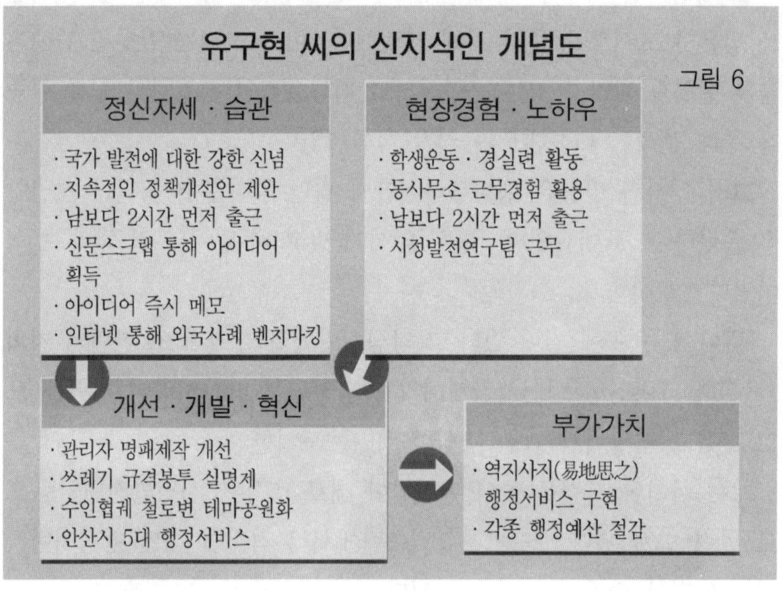

자료 : 매일경제신문 1999

이 결과 안산시는 창안상을 수상했고 많은 자치단체에서도 이 제도를 도입, 시행 중이다. 그는 "쓰레기 분리배출·분리수거 실태 개선을 통해 안산시 청소행정비가 연간 10~15억 정도 절감될 것"으로 기대한다.

또한 명패제작 개선을 통해 기존의 검은 색 자개무늬의 명패는 이제 안산시에서 자취를 감췄다. 직급과 사람 이름을 별도의 아크릴로 제작해 적절히 갈아끼울 수 있도록 한 것. 덕분에 인사 때만 되면 새로 명패를 만들어야 하는 불합리성과 혈세낭비라는 비판도 사라졌다.

● 개선·개발에는 휴일도 없다

유구현 씨는 "부지런한 새가 먹이를 먹는다"는 외국 속담을 철칙으로 믿는다. 그래서 그는 다른 사람보다 2시간 정도 빨리 출근한다. 또 퇴근 후에도 자정까지 행정관련 관심분야에 대한 연구에 몰입한다.

그는 또한 일간지는 물론 지방지까지 구독하면서 신문을 스크랩하고 이를 통해 아이디어를 얻는다. 아울러 아이디어가 떠오르면 즉시 메모를 한다.

요즘에는 인터넷을 통해 외국의 선진 지방자치 도시들에 관한 정보를 얻어 벤치마킹 하는 것도 잊지 않는다. 특히 시화공단에 견학 온 일본인들을 끈질기게 물고 늘어져(?) 일본에서도 최고의 행정서비스를 펼치는 것으로 유명한 이지모 시와도 교류의 물꼬를 텄다.

그는 올 연말에는 안산시의 개선사례 등을 담은 백서를 발간할 예정이다. 다른 지방자치단체들과도 지식을 공유하기 위해서다.

아파트의 콜롬보
– 아파트실천학교 대표 김용진

"아파트 단지에 각종 비리가 수없이 자행되고 있습니다. 하지만 매달 부여되는 관리비가 어떤 근거로 계산돼 나왔는지 관심조차 없는 사람들이 대부분이지요. 아파트 주민 모두가 동대표라는 주인의식을 가지고 지켜본다면 아파트 비리는 사라질 것입니다."

김용진 아파트실천학교 대표. 그는 '아파트 비리 해결사'로 통한다.

우연한 기회에 아파트 비리의 실체를 접하고는 본업도 미뤄둔 채 비리척결을 위한 '시민운동'에 뛰어든지도 4년째. 그야말로 아무도 알아주지 않는 일에 뛰어들어 마음고생도 적지 않았다.

이제 가시적인 성과가 조금씩 나타나고 있다.

김 대표가 운영하는 '아파트실천학교'에는 연일 수십 통의 비리 제보와 상담전화가 몰리고 있으며 그의 노력으로 아파트 관리비가 크게 낮추어진 사례도 나오고 있다. '아파트 관리비 문제'하면 그를 떠올릴 정도로 외부의 인식도 많이 높아졌다.

아무도 손대지 않는 불모지를 개척해나가고 있는 김 대표가 추구하는 것은 아파트 관리비가 거의 들지 않는 새로운 개념의 아파트 단지 문화를 형성하는 것이다.

● 아파트의 '콜롬보'

경북대 수학과를 졸업한 그는 한 때 잘나가던 수학강사였다. 입시학원 강사로 활동하다 '과학고 입시연구소'를 만들어 1600여 명의 전국 영재들에게 수학, 논술 문제를 PC통신을 통해 무료로 배부하고 현 거주지의 동사무소에서 '무료수학교실'을 열어 가난한 학생들에게 수강 기회를 제공하기도 했다.

매달 400여만 원의 수입을 올리며 별 어려움 없이 지내던 그가 남 보기에는 무모해 보이기도 하는 아파트 비리 척결에 나서게 된 계기 가 있었다.

"지난 1996년 초 초등학교에 다니던 아들이 아파트 단지 내 놀이 터의 고장난 그네를 타고 싶다고 졸라 이 문제를 해결해주려던 게 발 단이 됐죠. 동대표를 통해 고쳐달라고 건의했지만 몇 달 동안 감감 무 소식이었습니다."

자신이 동대표가 돼서 이러한 문제점을 적극적으로 해결해야겠다고 생각하고 그해 10월 동대표를 맡았다. 그러자 그 때까지 전혀 모르고 있었던 아파트 관리상의 치부가 속속 드러났다. 동대표와 주민자치회 장이 관리비 운영을 전적으로 맡고 있는 상태에서 입주자 대표기구와 관리회사, 시공회사 간의 부정비리가 복마전처럼 얽히고 섥혀 있었던 것이다. 김 대표의 '고행(苦行)'은 이 때부터 시작됐다. 아파트 비리를 정화하고 건강한 아파트 관리문화를 정착하기 위한 외로운 싸움에 돌 입했다.

● 아파트실천학교

"알고 보니 아파트 비리가 생각보다 심각한 수준이었습니다. 관리 비 과다징수를 비롯해 공금횡령, 공사수주 과정에서의 리베이트 등 관리업체와 관리사무소 동대표 간의 부패는 말할 수 없을 정도였습니 다."

이들이 입찰비리를 저지르고 명세서 등을 조작하면 그 비용은 관리비를 통해 주민들에게 고스란히 전가되고 관리비는 비싸질 수밖에 없었다.

동대표를 맡다 보니 이권을 챙기기 위한 동대표 간 패거리 싸움이나 검은 돈을 움켜지기 위한 주민자치회장의 조직적인 선거활동 등 볼썽 사나운 일들도 목격할 수 있었다. 김 대표는 이래서는 안 되겠다고 생각해 '온라인 시민운동'을 시작했다.

PC통신사 담당자들을 만나 시민활동의 필요성을 역설한 결과, 유니텔과 천리안에 아파트 비리 관련 홈페이지(Go Apart)를 개설할 수 있었고 통신상으로 아파트 관리 요령, 하자 발생시 대처방안 등 관련 정보를 제공했다.

홈페이지는 개시 3일 만에 조회 건수 1만 회를 초과하는 폭발적인 반응을 얻었다. 이에 힘을 얻은 김 대표는 보다 조직적으로 활동을 전개해야겠다고 생각해 '아파트실천학교'로 명칭을 바꾸고 회원들을 모집했다. 주 1회씩 4주간 통신을 통해 아파트 관리와 유지·보수 관련 지식을 전파했다.

●숱한 인신공격·고소

남의 가려운 곳을 긁어주는 그의 활동은 일반 주민들에게 박수를 받았지만 기존의 기득권층에게는 가시 같은 존재일 수밖에 없었다. 조직적인 아파트 비리를 통해 이득을 챙겨온 입주자대표회의로부터 명예훼손으로 고소를 당하면서 또 다른 시련이 전개됐다.

"여기서 물러설 수 없다는 오기가 생겼습니다. 이전에도 아파트 비리 문제를 제기했다가 협박과 회유로 중도에 포기한 사람이 적지 않았죠. 주위의 민원을 계속 접수하는 한편 법률지식을 습득하기 위해 밤마다 관련 법 서적을 뒤적였습니다."

이러한 노력으로 웬만한 법무사 뺨 칠 정도의 법률지식이 쌓여갔다. 그가 자주 출입하는 경찰서에서는 아예 '고발박사'라는 별명을 붙여주기도 했다.

힘든 싸움을 벌여나가면서도 '관리비 내역 읽는 법', '신규전입자를 위한 안내 지침서' 등을 만들고 각 아파트 단지별로 회원을 모집해 이들이 해당 단지의 아파트 비리를 감시할 수 있도록 가르쳤다.

● 뭉치면 줄어든다

의욕적으로 시민운동을 전개할수록 일도 점차 늘어났다. 방송사와 대학 등에서 인터뷰와 지방강연 요청이 들어오고 매일 30여건에 이르는 제보전화가 잇따랐으며 정부 관련 부서와 협의하기 위해 과천청사에 드나드는 횟수도 늘었다.

김 대표가 현재 의욕적으로 벌이고 있는 활동은 아파트 관리비용을

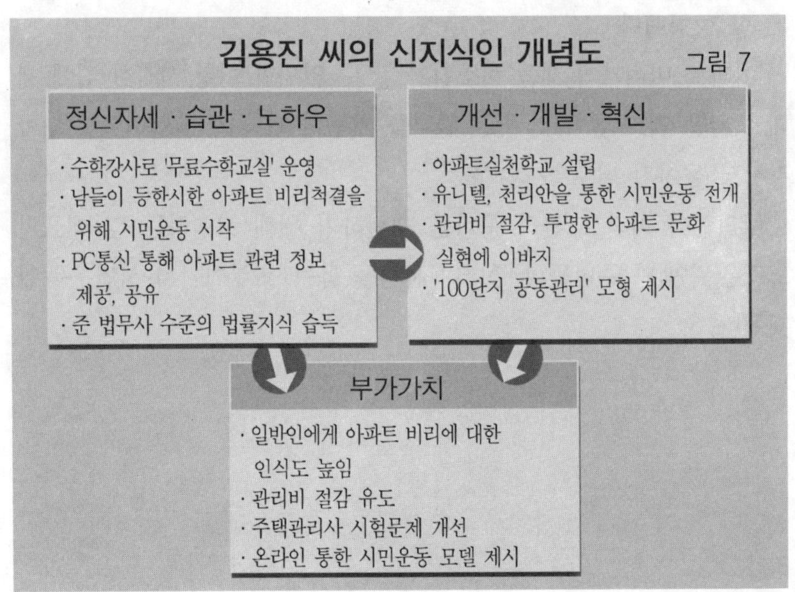

획기적으로 절감할 수 있는 방안을 성사시키는 일이다. '100단지 공동관리'로 100개의 아파트 단지를 공동 관리해 원가절감과 시너지효과를 거둔다는 것이다.

"공동관리를 하게 되면 단지별로 관리할 때보다 50% 이상의 관리비를 절감할 수 있습니다. 현재 각종 매체를 통해 공동으로 관리하기를 원하는 아파트 단지를 모집한 결과 50여 개 단지가 신청한 상태입니다."

김 대표의 '투명하고 효율적인 아파트' 만들기는 여기서 그치지 않는다. 주택관리사 제도의 보완도 그 중 하나다. 현행 주택관리사 제도는 시험을 통해 주택관리사를 선발하는 방식인데 시험문제가 너무 허술하다고 지적한다.

김 대표의 아파트실천학교는 이를 대체할만한 새로운 자격시험 문제를 준비하고 있다. 시험도 통신망을 통해 주관식으로 치를 수 있도록 할 방침이다.

"아파트 비리가 언제쯤 해소될지 알 수 없지만 이왕 시작한 김에 제대로 끝을 맺고 싶어요. 좋은 결과를 거두게 되면 제 본업이었던 수학 강사로 돌아갈 날도 오겠지요."

끊임없이 아파트 관리 문화를 개선하기 위해 고심하는 김 대표의 노력은 수백만 주민들의 주머니 사정을 돕는 '고부가가치 시민운동'일 것이다.

성폭력 제로를 향해
-한국성폭력상담소 정진욱 부장

　무심코 반복되는 일상생활 중에는 의외로 개선·개발·혁신이 가능한 게 많다. 특히 정보통신(IT)기술의 발달로 조금만 관심을 기울인다면 시간과 일손을 크게 줄일 수 있다. 한국성폭력상담소의 정진욱 부장은 이 같은 '관심 기울이기'로 일상생활을 간편하고 신바람 나게 만드는 신지식인이다.

　상담소에서 그녀의 직위는 정보사업부장. 정보통신 문제를 책임지는 그녀는 사실은 IT전문가가 아니다. 대학에서 전공은 천연섬유였다. 컴퓨터에 본격적인 관심을 기울인 것도 채 몇 년이 안 된다.

　거창한 직함을 갖고 있는 것에 대해 그녀는 "우리 상담소에서는 각 부서 당 정식 직원이 한 명뿐이다"라는 말로 받아넘긴다. 남들보다 조금 더 안다는 게 정보사업부에서 일하게 된 계기이고 부서원이 한 명이라서 부장이라는 설명이다.

●자원봉사자에서 컴퓨터 전문가로

　겸손한 표현에도 불구하고 그녀가 상담소의 정보통신 책임자라는 말에는 뭔가 이유가 있음직하다. 게다가 상담소는 최근 몇 년간 2차례의 사이버 토론회를 성황리에 열었고 또 PC를 통한 성공적 상담으로 유명세를 타기도 했다. 시민단체 중에서도 정보통신 기술을 가장 잘 활용하는 기구로 자타가 공인할 정도다.

　정 부장이 상담소에 입사한 것은 1996년. 그는 이 기간 동안 평범하지만 상담소 활동을 개선하는 데 많은 일들을 해냈다.

맨 먼저 추진한 것은 상담소 후원회의 회원정보를 전산화하는 작업. 엑셀과 같은 스프레트시트 프로그램을 이용하면 누구나 할 수 있는 간단한 작업이었다. 그러나 자칭 '컴맹'인 상담소 선배들은 감히 손을 못 대던 일이었다. 정 부장은 정식직원이 되기 이전 1년간의 자원봉사 시절을 이렇게 설명한다.

"2000여 명의 후원자에 매달 소식지나 지로용지를 발송하는 작업을 해야 했습니다. 대부분 손으로 이뤄지는 반복작업을 마치는 데는 2주 가까이 걸렸습니다."

그녀는 회원정보를 엑셀 프로그램을 통해 데이터베이스화하고 이 내용이 편지봉투나 지로용지에 출력되도록 했다. 상담소 업무는 그것만으로도 획기적으로 줄었다. 2~3명이 2주에 걸쳐 하던 작업을 지금은 한 사람이 불과 몇 시간 내에 끝낸다.

● 상담소를 정보제공의 마당으로

성폭력 상담을 해야 하는 그녀에게는 안타까운 순간이 많다. 걸려오는 전화 중 상당수는 말을 잇지 못하고 끊는다. 전화를 걸긴 했지만 차마 말을 이을 용기를 갖지 못하기 때문이다.

정 부장은 보다 효과적인 상담업무를 위해 PC통신을 활용하는 방안을 생각해내고 이를 상담소에 건의했다. PC통신은 익명성을 보장해주기 때문에 상담자들의 솔직한 목소리를 듣는 데 도움이 될 것이라는 판단에서다.

천리안과 유니텔에 마련된 상담소(Go Stoprape)는 성공적이었다. 많은(?) 사람들이 자신의 이야기를 남겨놓고 도움을 청했다. 비로소 막혔던 대화의 통로가 열리는 순간이었다.

정 부장은 성폭력 상담의 경우 사전 지식이 중요하다는 것을 몇 년 간의 경험을 통해 알 게 됐다. 상담소는 많은 정보를 갖고 있지만 이를 전달해주는 것은 쉽지 않았다. 재정적 어려움 속에서 일반인들과의 만남을 주선한다는 것은 여간 힘든 게 아니었다.

그녀는 이 같은 장벽을 PC통신을 통해 극복하기로 했다. 상담소를 정보제공의 장으로 활용하기로 한 것이다. 성폭력을 피하는 방법, 응급조치법, 부모의 역할 등의 내용을 담아 PC통신에 올려놓았다.

그녀는 "성폭력의 약 30%가 아동을 대상으로 하고 19세 미만의 경우 이 비중이 50%로 늘어난다. 이들은 대개의 경우 자신에 닥친 불행한 사태에 대해 어떻게 해야 할 지 모른다. 대응법을 찾지만 당당하게 말할 수도 없는 것이 사회적 분위기다"고 설명했다. 또한 PC통신 업체들의 도움으로 큰 어려움 없이 끌고 나갈 수 있었다고 그녀는 말한다.

● 사이버토론회

PC통신을 통한 시민운동 확산 가능성을 깨달은 그녀는 1997년 또 한번 대단한 일을 저지른다. 사이버토론회를 열기로 한 것이다. 성폭력의 심각성을 깨닫게 하고 이를 해결하기 위한 관심을 이끌어내는 데는 이처럼 좋은 방법이 없다는 생각이 들었다.

시민운동은 대중의 관심을 이끄는 게 가장 중요한 작업이다. 보통은 언론을 통해 소개하는 것이 운동을 알리는 데 효과적이다. 그러나 시민운동단체로서는 사고(?)라도 치지 않는다면 좀체 다가설 수 없는 게 언론이다.

그가 생각해 낸 사이버토론회는 여러모로 철저한 준비과정을 거쳐 이뤄졌다. 1997년에는 대선을 앞둔 시점을 적절히 활용해 대선 후보들을 토론장에 이끌어냈다. 두 번째로 열린 1998년에는 청소년들이 친근감을 느끼도록 연예인 등 유명인들을 대거 참석시켰다.

두 차례 걸쳐 이뤄진 사이버토론회는 많은 청소년들과 부모가 참석했고 또 토론도 시종 진지하게 진행되는 등 대성공을 거뒀다. 성공에 힘입어 여러 언론에도 보도되는 효과를 '덤'으로 얻었다.

한국성폭력상담소의 성공은 국내 시민운동에 활력을 불어주는 계기까지 됐다. 여성실업, 남성의 군복무 가산점 등 사회적 문제점에 대한 사이버 토론회가 잇달아 열렸다.

●내친 김에 정보통신전문 시민운동가로

정 부장은 지난 3년간 많은 일을 하면서 깨달은 게 있다. 많은 유용한 지식이 실제 생활을 개선하는 데는 활용되지 못한다는 것이다.

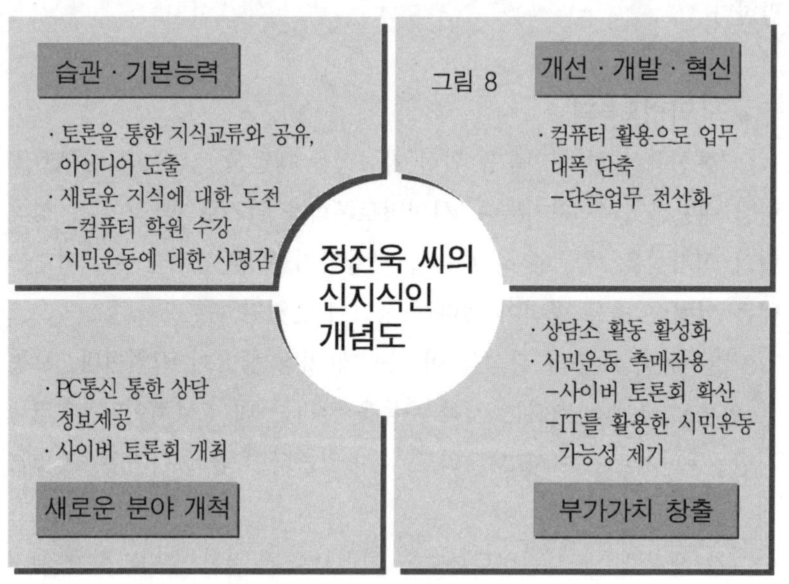

자료 : 매일경제신문, 1999

특히 "현대인들은 정보통신의 급속한 발전속도를 따라가지 못하고 있다는 생각을 많이 했다"고 전했다.

그녀는 내친김에 아예 정보통신 전문 시민운동가가 되기로 작심했다. 최근에는 프로그래머가 되기 위한 학원강좌까지 듣고 있다. 상상을 초월하는 박봉에 야근이 일쑤인 상담소 생활이지만 틈틈이 시간을 내 자신의 지식 수준을 차곡차곡 쌓고 있다.

끊임없이 자신의 부가가치 창출능력을 높이려는 에너지의 원천을 물었다. 자신은 단지 극히 조그만 노력을 기울였을 뿐이라는 폄하했다. 그것도 많은 동료와 자원봉사자들의 도움이 없었다면 할 수 없는 공동작업이었다고 주장했다.

그러나 그녀가 이뤄낸 작업은 평범하지 않다. 조금씩이지만 개선·개발·혁신하려는 노력으로 주변환경이 변하고 있는 게 이를 보여준다. 조직 내 업무를 획기적으로 개선시킬 수 있었고 시민운동에 새로운 방향을 제시했다.

컴맹을 퇴치하라

─제주 교육과학연구원 교사 조동수

어떤 비평가는 학교를 정보화사회에서 '고립된 섬'으로 비유한다.

학생들에게 인공위성이나 인터넷 등과 같은 정보통신기술 발전의 현상을 가르치고는 있지만 정작 그런 기술을 접목시키는 데는 인색한 모습을 꼬집는 것이다. 그러나 이제는 학교도 하루가 다르게 달라지고 있다. 책 속의 '죽은 지식'을 학생들에게 가르치는 것에서 벗어나 생명체와도 같이 하루가 다르게 변화하는 '살아있는 지식'을 전달하고자 노력하고 있는 것. 물론 그 뒤에는 제주도 교육과학연구원의 조동수 씨 같은 교사들의 숨은 노력이 있다.

그는 도시에 비해 상대적으로 열악한 환경에 처해 있는 농촌과 섬 등지의 교사와 학생들에게 컴퓨터 교육의 혜택을 주기 위해 동분서주한다. 또한 학생과 학부모, 교사를 하나의 실질적인 공동체로 연결시켜 주는 역할도 맡고 있다.

그의 이러한 노력으로 얻어지는 예산절감 효과보다 중요하게 여겨지는 것은 자라나는 미래의 새싹들에게 새로운 정보나 지식에 접근할 수 있는 기회를 늘려주는 것이다. 지식을 습득하고 이를 가공·활용·공유하는 과정을 거치면서 학생들 스스로 또 다른 지식을 창출할 수 있는 환경을 제공하는 것이야말로 더없이 중요하기 때문이다.

● 컴퓨터와의 만남

조동수 씨가 컴퓨터와 인연을 맺게된 것은 1980년 이른바 '서울의 봄' 덕분(?)이었다. 각 대학마다 휴교령이 내려지자 그는 서울로 올라와 컴퓨터학원을 다니기 시작했다. 남들이 놀고 있을 때 뭔가 새로운 지식을 접하고 싶은 마음에서였다.

수학을 전공하고 있던 그에게 컴퓨터는 신선한 충격으로 다가왔다. "무엇보다 복잡한 것을 단순화시킬 수 있다는 메커니즘이 마음을 사로잡았다"고 그는 당시를 회고한다. 당연히 밤이 짧게 느껴질 정도로 컴퓨터 배우기에 몰입했다.

'기회는 스스로 만들어 가는 사람의 것'이라는 말처럼 어쩌면 그는 자신의 운명을 준비하고 있었다. 그는 대학을 졸업한 후 1년간 교사 발령을 기다렸다. 그러던 중 우연치 않게 의료보험과 전산접수처리 프로그램을 개발해 달라는 의뢰를 받았다.

프로그램 개발을 계기로 그는 1986년 컴퓨터 시범학교로 지정된 서귀포 여자고등학교로 발령을 받았다. 마치 '물고기가 물을 만난 것'처럼 이제 본격적인 그의 활약상이 펼쳐진다.

컴퓨터 시범학교라는 특성에 걸맞게 그는 교사들에게 실질적인 도움이 될만한 프로그램을 개발하기 위해 강의시간 이후에 밤을 세워가며 연구에 몰두했다. 그 결과 1991년 도스용 컴퓨터 프로그램인 '학교종합정보 시스템'을 개발했다. 또 지금의 정보올림피아드의 전신인 PC경진대회에도 제주도 대표로 참가해 입상도 했다.

● 컴맹을 퇴치하라

이러한 활약상이 알려지면서 그는 제주도의 교육정보화를 담당하는 공식기관인 제주도 교육과학연구원으로 파견근무를 하게 된다. 내친 김에 그는 이 곳에서 '정보화의 전도사'로 변신한다. 그가 정보화 교육을 실시한 교사와 학생 수만 해도 1년에 1000명을 웃돌 정도다.

그는 특히 도시에 비해 상대적으로 열악한 환경에 있는 제주도 내
농촌과 섬 등지의 교사와 학생들에게도 컴퓨터 교육의 혜택을 주고
싶었다. 그래서 그가 고안한 방식이 '이동식 교육센터'이다. 그는 노트
북 25대를 구입해 관련 장비들과 함께 버스(과학차)에 설치하고 외딴
섬과 벽지의 학교를 순회하면서 정보화 교육을 실시한 것. 당연히 교
육 프로그램 기획에서부터 강의까지 도맡았다.

그는 교사로서 지식은 공유돼야만 그 가치가 커진다는 소신을 갖고
있다.

"내가 획득한 지식을 다른 사람에게 전달할 경우, 전달한 사람은 그
만큼 빈 공간을 다시 채우기 위해 더 열심히 노력하게 됩니다. 어렵고
힘들게 획득한 지식일수록 어떻게 하면 다른 사람들에게 효과적으로
전달할 수 있을까 생각했습니다."

그는 이러한 컴퓨터 교육에서 한 걸음 더 나아가 '1교사 1 E-메일
ID 갖기'운동을 전개했다. 교사의 정보화는 전자메일을 사용하는 데
서부터 시작된다는 생각에서였다. 이렇게 시작은 운동 덕분에 제주도
내 4500여 명의 교사 가운데 절반이 넘는 2500여 명이 ID를 갖게
됐다.

●고립된 섬에서 해방

조동수 씨는 이러한 컴퓨터 교육 외에 학교 정보화에도 심혈을 기
울이고 있다. 그런데 여기에는 한가지 계기가 있었다. 부임 초기에 동
료 교사가 수작업으로 성적을 처리하는 과정에서 오류가 발생해 징계
를 받았던 것. 이러한 광경을 목격한 그는 몹시 안타까웠다.

"OMR카드를 이용해 컴퓨터로 성적을 처리하면 이런 불상사가 없
었을 텐데……."

그는 즉시 프로그램 개발을 위해 서무과장을 찾아가 예산을 신청했다. 그러나 작은 학교에서 그러한 예산이 있을 리 만무였다. 그는 제주도 교육감 앞으로 특별기안을 작성해 어렵사리 예산을 확보하곤 직접 서울로 올라와 청계천 등지에서 필요한 부품을 구입했다. 이런 각고의 노력 끝에 마침내 채점에서 시험성적 통보에 이르기까지의 과정을 전산화하고 이를 데이터베이스화하는 데 성공했다.

그는 여기서 멈추지 않고 공무원 연금관리 소프트웨어인 '한라산 3.0', 예산집행관리 소프트웨어인 '호조판서 1.0' 등 다양한 소프트웨

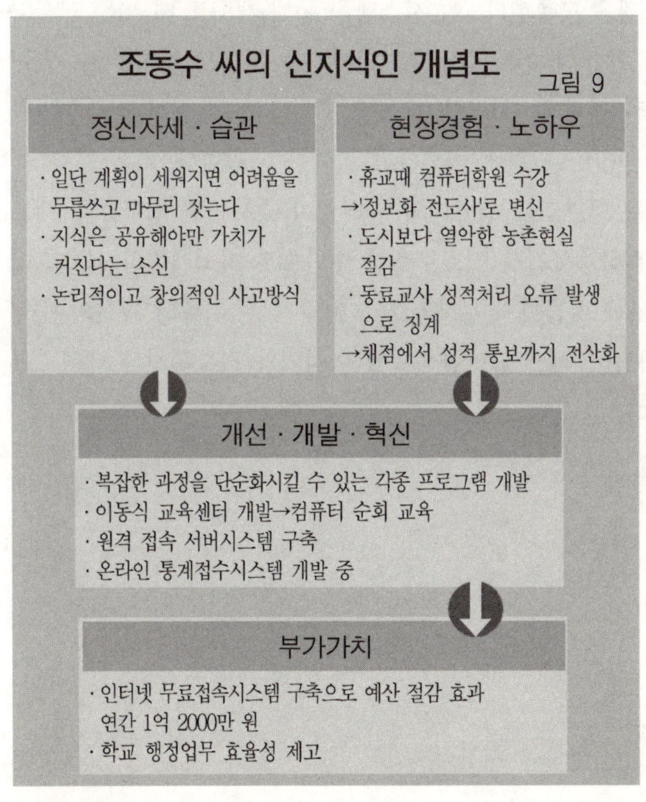

자료 : 매일경제신문, 1999

어를 개발해 학교 업무의 효율성을 높이는 데 일조를 했다. 그는 지금
도 교사들의 연수관리를 위한 '온라인 통계접수시스템'을 개발중이라
고 설명한다.

● 컴퓨터를 신뢰구축 수단으로

그는 학교 내 업무의 정보화에서 눈을 밖으로 돌려 학생과 학부모,
교사를 컴퓨터 네트워크로 연결하고 싶었다. 그는 밤에는 사용하지
않는 학교의 전용회선을 활용해 '원격접속서버(RAS: Remote Access
Server)'시스템을 구축했다. 이 시스템을 통해 제주도 내 모든 교사와
학부모, 학생 누구나 전화비만으로 인터넷을 무료로 접속할 수 있는
환경을 조성한 것이다. 이러한 시스템 구축 덕분에 예산 절감효과만
도 연간 1억 2000만 원에 이른다고 조씨는 자랑한다.

조동수 씨는 앞으로도 컴퓨터와 인터넷이 교사들의 업무효율 제고
는 물론 교사-학부모간의 신뢰구축의 수단으로 자리매김하기를 고대
하고 있다. 또한 지금까지 부분적으로 이뤄져 온 컴퓨터 교사의 수업
을 모든 교사들이 직접 담당할 수 있는 시기가 하루속히 도래했으면
하는 바람이다.

개선 · 개발에 멈춤이란 없다

젖소가 누렁소를 낳았어요!
– 축산농민 강상원

"젖소가 한우 송아지를 분만했어요!"

불과 몇십 년전만 해도 나이가 지긋하신 어르신네들은 뭔가 불길한 징조라며 굿판이라도 벌였을 것이다. 물론 요즘에는 복제양이 생산될 정도로 유전공학이 발달해 각 연구소들마다 이와 유사한 종류의 실험결과가 쏟아져 나온다.

그러나 이러한 사건을 저지른(?) 사람이 유전공학자나 연구원도 아닌 평범한 축산농민이라면 굿판은커녕 잔치판을 벌여야 할 것이다.

축산농민 강상원. 그는 분명히 젖소가 한우 송아지를 분만하도록 만든 장본인이다. 그것도 모자라서 쌍둥이도 낳도록 만들었다. 몇 년간 혼자 독학하다시피 해서 터득한 '수정란 이식(ET : Embryo Transfer)기술'이 강상원 씨의 비결이다.

그러나 강상원 씨는 수줍음을 감추지 못한다. "제가 실행한 방법들은 이미 기존에 쓰여지고 있는 것들입니다. 단지 축산현장의 경험을 바탕으로 직접 이 방식을 적용해 민간농가에서는 국내 최초로 송아지를 분만시켰다는 정도의 의미는 있겠죠."

● 기술로 승부를 건다

강상원 씨는 대학에서 축산학을 전공했다. 이유는 단 한가지. 부모님이 축산업에 오랫동안 종사했고 장남으로서 가업을 이어야 했기 때문이다. 그러나 그는 여느 축산농민과는 사뭇 다르다. 대부분의 축산농민들이 소나 돼지 등 가축들을 잘 키워서 제값을 받고 시장에서 판매하는 데만 관심이 있었지만 그는 개량된 가축들을 더 많이 생산할 수 있는가에 역점을 뒀다. 이러한 생각의 기저에는 대학 때 학과공부를 하면서 처음 접했던 수정란 이식기술에 관한 호기심과 관심이 자리잡고 있었다.

"대학을 졸업한 후 학교에서 배웠던 이론적 지식을 현장에 접목시키려고 했지만 넓은 토지를 물려받은 것도 아니고 어려움이 한두 가지가 아니었습니다. 따라서 내가 지니고 있던 기술인 인공수정방법을 시도해 봤습니다. 기술로 승부를 걸어야겠다고 생각했던 것이죠."

"뜻이 있는 곳에 길이 있다"는 말이 그에게도 적용됐다. 1992년 우연히 일본을 견학할 기회가 온 것이다. 그는 일본에서 이미 실용화돼 있는 수정란 이식기술을 보고 적잖은 충격을 받았다. "수정란 이식기술은 효과가 엄청나기 때문에 실용화됐으면 하는 막연한 생각을 갖고 있었다. 그러나 일본에서 이미 실용화돼 있는 현실을 보고 놀라움과 함께 부러움이 교차했다"고 그는 회고한다.

● 젖소가 한우를 낳았어요!

너무나 배우고 싶었던 수정란 이식기술. 그러나 그의 지식습득 과정은 처절하다는 표현이 어울릴 정도다.

그는 일본에서 돌아와 이미 실용화돼 있는 이 기술을 배울 수 있는 곳을 물색했다. 그러나 국내에는 이 기술을 가르치는 공식기관이 없었다. 때문에 그는 불임환자를 위한 기술자를 교육시키는 한 개인연구소에서 수정란 이식의 기초를 익혔다.

다행히 학교시절 이론적인 부분에 대해서는 굉장히 관심도 많았고 평소에 공부를 해왔기 때문에 강상원 씨는 이 곳에서 수정란 평가에서부터 죽은 것과 산 것의 구분, 수정란을 옮기는 기술에 이르는 기초를 닦을 수 있었다.

그는 어느 정도 기초를 익힌 후 1993년부터 소를 몇 마리 구입해서 나름대로 고안한 기자재로 실험에 들어갔다. 그러나 첫 술에 배부를 수는 없는 법. 기존에 있는 호르몬의 종류도 잘 몰랐던 상황이었고 시중에서 구한 호르몬을 써봤더니 여러 가지 문제점이 발생했다.

또 기자재들도 너무 부족했다. 국내에서는 이러한 기술을 취급하는 곳이 없다보니 마땅히 도움을 청할 수도 없었다. 그러나 그는 절대 포기할 수 없었다.

다행히 그는 1995년에 정부기관에서 수정란 이식기술을 교육한다는 소식을 듣고 찾아갔다. 이 곳에서 그는 정규과정을 끝내고도 자신에게 부족한 지식을 보충해 기본적인 지식습득을 마칠 수 있었다.

이 결과 그는 같은 해부터 본격적인 실험에 들어가 채란에 성공하고 이듬해인 1996년 10월부터 송아지를 분만하기 시작했다. 이 때 분만한 송아지는 한우쌍둥이였다. 또 1997년 2월부터는 젖소에 의한 한우송아지와 쌍둥이, 세쌍둥이의 결과가 나왔다.

● 제도적 장애물도 바꾼다

그는 그동안 수정란 이식기술을 연구해 오면서 체득한 경험지식을 일반 농가에 확산시키고자 노력했다. 그러나 수정란 이식기술의 확산을 가로막는 제도적 장애물도 만만치 않았다.

"수정란을 한번 채란하기 위해서는 상당한 비용이 들어갑니다. 그러나 한번 채란한 후에 남는 수정란을 다른 농가에 이식하지 못하고 버릴 수밖에 없습니다. 법적 제약 때문이죠."

그는 따라서 수정란을 영하 196도로 동결해 보관하는 방법을 익혀서 이러한 문제를 극복하는 한편 제도상의 문제점들을 개선해 나가기 시작했다.

"수정란을 생산·판매할 수 있는 업종을 정의해 둔 관련법을 검토하다보니 현실과 상당한 괴리가 있다는 점을 발견했죠. 첫째, 수정란을 생산할 수 있는 암소의 기준이 우리 나라 현실에 맞지 않게 너무 엄격하게 법제화돼 있다는 것이고 둘째는 실질적으로 현장에서 꼭 필요하지 않은 고가의 기자재들을 반드시 구비해야 한다는 것입니다."

그는 당장 농림부에 민원을 제기했다. 이 결과 지난해 축산법이 개정되면서 이러한 문제점들이 개선됐다.

● 한국 수정란이식 산업화연구회

강상원 씨는 지식습득에 대한 열정이 거의 집념에 가깝다. 수정란 이식 기술을 습득한 과정만 봐도 그렇다. 특히 외국 사례를 얻기 위해 그는 인터넷이나 PC통신을 자주 드나들었다. 또한 농림부 홈페이지 검색을 통해 국내 수정란 이식의 현황과 수준, 그리고 어떤 연구가 추진되고 있는 지 등의 지식을 획득한다.

"우리 나라도 이젠 젊은 사람이 축산에 관심을 갖고 기존의 방식이 아니라 첨단기술을 토대로 나름대로 꿈을 갖고 일을 할 수 있기를 바랍니다."

그는 수정란 이식 기술에 관심 있는 사람들에게 자신의 경험과 지식을 아낌없이 가르쳐 주고 있다. 아예 관심 있는 사람들을 모아서

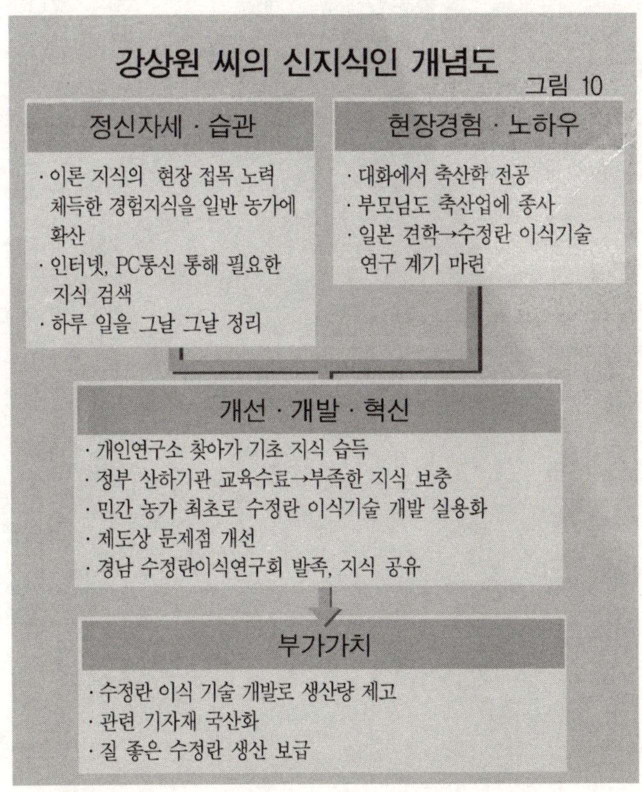

자료 : 매일경제신문, 1999

'한국 수정란이식 산업화연구회'를 발족했다. 올해는 수정란 이식센터를 설립해 우수한 한우의 수정란을 생산·공급할 계획이다.

"사람으로서 살아온 흔적을 남기는 방법으로는 자기가 속한 사회나 단체를 위해 좋은 쪽으로 영향을 끼친 사람이었다고 인정받는 것일 겁니다."

비닐에 구멍을 뚫어라

─제주 감귤재배농민 김도진

제주도를 대표하는 과일은 단연 감귤
이다. 실제로 제주도의 거의 모든 농가가
감귤을 재배하고 있다. 그만큼 감귤은 제
주도의 대표적인 소득원 중 하나이다.

그러나 감귤은 보관하기가 여간 까다
롭지 않다. 조금이라도 온도가 맞지 않으면 부패하기 십상이다. 이처
럼 보관이 여의치 않은 관계로 감귤 가격은 작황에 따라 천차만별이
다. 따라서 대다수 감귤 재배농가는 감귤농사를 하늘의 뜻으로 여기
고 있는 실정이다.

제주도 감귤재배농민 김도진. 적어도 그는 이러한 하늘의 뜻을 따
르지 않겠다고 작정한 농민이다. 그렇다고 무턱대고 하늘의 뜻을 거
역할 수는 없는 노릇이다. 비결은 단 한가지, 기존의 방식을 끊임없이
개선·개발·혁신시키는 것이다.

그는 18년에 걸친 연구를 통해 '특수저온 저장법'을 개발해 냈다.
덕분에 감귤 가격을 일정하게 유지시킬 수 있는 것은 물론 다른 감귤
보다 최고 5배나 높은 가격을 받기까지 한다.

그는 여기서 멈추지 않는다. 감귤농사에 필요한 발명이나 기술개발
을 통해 모두 39개의 특허를 출원했고 이 가운데 13건의 국제·국내
특허를 보유하고 있다. 그는 늘상 이렇게 말한다.

"언제나 긍정적인 사고를 가지려고 노력했습니다. 실패를 두려워하
지 않았던 거죠."

● 아이디어를 생활 속으로

김도진 씨가 감귤농사에 매달린 것은 고등학교 졸업 후. 부모님으로부터 물려받은 농사를 시작한 그는 이윽고 감귤농사에 수많은 아이디어를 적용하기 시작한다.

"감귤의 가격은 신선도에 의해 결정되고, 그 신선도는 저장기간과 방법에 따라 크게 좌우된다는 사실을 발견했죠. 또 감귤의 당도를 높이기 위해서는 일조량과 좋은 비료공급이 중요하다는 사실도 깨달았던 거죠."

그는 '아이디어 뱅크'라 할 수 있을 정도로 아이디어가 넘치는 사람이다. 그의 이러한 아이디어는 사소한 것 하나라도 놓치지 않고 유심히 관찰하고 연구하며 물고 늘어지는 정신자세와 습관에서 비롯된 것이다.

그는 감귤농사를 짓는 동한 감귤의 적정생산, 시장개척, 중·장기 저장법 등 단계적인 연구활동에 들어갔다. 이 결과 쑥과 질경이 등 약초의 엑기스 이용한 저장법 개발, 특수저온창고 개발, 저장용 비닐팩 개발, 나무 자체에서 이듬해까지 완숙(월동)시키는 은박팩 등을 개발하는 데 성공했다. 또 투명창과 운반 손잡이가 달린 포장상자도 개발했다.

그의 연구개발 노력은 여기서 멈추지 않는다. 그는 이어 전자동 및 반자동 감귤 소포장기, 폐신문지를 활용한 타공기, 신모델 스프링클러 등을 개발해 국내외 특허 13건을 획득했다.

특히 신모델 스프링클러는 시중에 나와있는 스프링클러가 감귤의 세세한 부분까지 커버하지 못하는데 착안해 감귤재배에 알맞게 고안된 것으로 국고보조에 의해 현재 3개 농가에서 시험 중에 있다.

● 시행착오와 좌절의 갈림길

그가 저장법 개발에 성공하기까지 걸린 시간은 무려 18년. 해마다 수확된 감귤의 대부분이 저장법을 연구하는 과정에서 썩어나갔다. 거듭되는 실패로 가세마저 기울어 갔다. 집과 과수원을 모두 날렸고(?) 엄청난 빚에 쪼들리게 됐다. 보통 사람 같으면 몇 번을 포기했을 법한 상황이었다. 그러나 그는 실패할 때마다 다시 일어섰다.

"저장법에 관해 동원할 수 있는 방법은 다 동원해 봤습니다. 하지만 썩어나가는 감귤을 막을 수가 없었어요. 그래도 좌절할 수 없었습니다. 밤낮없이 연구에 몰두했죠."

감귤이 썩는 것을 방지하기 위해 짚을 덮어 감귤을 보관하면서 소금물을 뿌려 저장하는 방법을 시도했을 때의 일이다. 오래 지나도 모양이나 색이 변하지 않아 새로운 저장법 개발에 성공한 줄 알고 너무 기뻤다. 그러나 그는 이내 큰 실망에 빠진다. 모양은 멀쩡했지만 맛이 쉬어 있었던 것.

그러나 이만한 일로 좌절할 그가 아니었다. 중화된 소금물과 쑥, 질경이, 현미식초 등을 이용해 저장하는 방법을 시도했다. 결과는 성공이었다.

● 비닐에 구멍을 뚫어라

특수저온저장방법은 비닐팩을 이용한 저장법이다. 실패에 실패를 거듭하던 어느 날 비닐에 구멍이 뚫린 형상이 그의 뇌리를 스쳐 지나갔다.

"비닐에 구멍이 뚫려 있으니까 통풍도 되고 감귤이 호흡을 하면서 내뿜는 김에 의한 변질을 방지해 주는 것은 물론 감귤이 마르지 않기 때문에 보관하기도 좋다는 사실을 알게 됐죠."

작은 구멍이 많이 뚫린 비닐팩에 감귤을 저장하면 감귤의 호흡에 따른 김서림과 건조를 방지할 수 있다는 것이 가장 큰 장점이라고 그는 설명한다. 여기에다 비닐표면에 빨간 색 사선을 프린트해서 포장하면 감귤의 색과 조화돼 포장의 묘를 살릴 수 있었다.

이러한 방법은 제주도 내의 많은 감귤농가로 보급됐다. 일반 저장법보다 1개월 이상 신선도를 유지할 수 있다는 장점 때문에 같은 감귤을 종전보다 5배 이상 높은 가격으로 판매할 수 있게 됐다.

그는 이러한 저장법이 국내는 물론 국외에서도 이용할 수 있게끔 일본에 특허를 출원하기까지 했다.

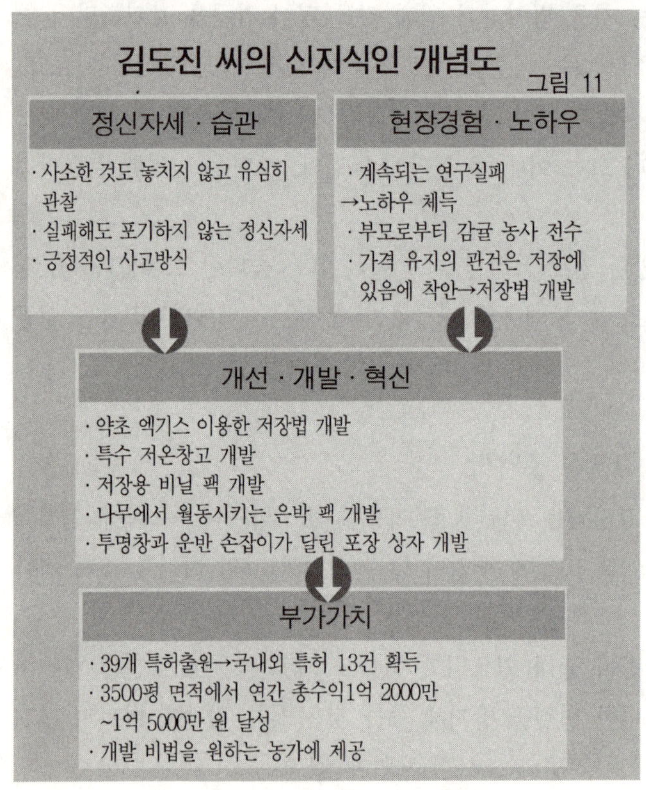

●특허출원 100건을 달성하라

그는 요즘 제주도내 감귤농민들을 대상으로 한 강연에 적극 나서고 있다. 저장법을 배우겠다는 사람들은 물론 자신이 개발한 많은 기계들을 필요로 하는 곳에 기꺼이 지식을 제공하고 있는 것.

그는 여기서 멈추지 않고 자신의 감귤 저장법을 강원도 고랭지 채소나 다른 과일들에도 확대 적용시킬 계획이다. 따라서 그는 조만간 강원도에 마련한 채소농장으로 고랭지 채소 저장법을 개발하기 위해 한시적으로 제주도를 뜰 생각이다.

지금의 감귤농사로도 편하게 안주할 수 있지만 농업 발전을 위해 이러한 노력을 누군가는 꼭 해야한다는 신념에서다.

"두고 보십시오. 기필코 채소저장법을 개발해 우리 나라 농업 수준을 한 단계 더 높이게 될 겁니다."

그는 또 장기적으로는 농업과 관련된 특허출원 건수를 100건 이상 달성한다는 계획을 갖고 있다. 김도진, 그가 숱한 우여곡절을 겪으면서 터득한 가장 큰 재산은 다름 아닌 '지식창출 과정에서의 노력과 도전'이었다.

전화국의 살아 있는 귀신

-순천전화국 케이블 운용실장 이재석

요즘은 흔하디 흔한 게 전화다. 전화는 불과 20여년 전만 해도 '부의 상징'이었다. 이제는 서울이나 시골마을을 가릴 것 없이 집집마다 한 대 이상 전화기를 보유하고 있고 그것도 모자라서 길거리에서 이동전화로 통화하는 사람들을 쉽게 발견할 수 있다.

그러나 전화 한 대가 개통돼서 소비자들이 아무런 불편 없이 사용하기까지 적잖은 사람들이 고생하고 있다는 사실을 아는 사람은 극소수에 불과하다.

한국통신 전남본부 순천전화국 케이블 운용실장 이재석 씨. 그는 전화선로를 가설하고 선로에 장애가 발생하면 응급처치에 나서는 일을 천직으로 삼고 있다. 하지만 그는 여러 가지 면에서 여느 전람원과는 다르다.

그는 1999년 초까지 광양전화국에서 근무할 때 사내에서 '귀신'으로 통했다. 또 '불독'과 같은 성격의 소유자다. 이것저것에 매달리지 않고 오로지 한 가지만을 고집하는 성격으로 유명하다. 게다가 주어진 업무환경에 순응하지 않고 잘못된 점들을 개선하기 위해 노력한다. 그에게는 하루하루가 늘 새롭기 때문이다.

"사람들은 이 생활이 다람쥐 쳇바퀴 돌 듯 하루하루 같은 일이 반복돼 지겹지 않느냐고 하지만 나에게는 매순간 순간이 새롭고 특별하다고 생각합니다."

● 전화국의 살아 있는 귀신

그가 광양전화국 여직원들 사이에서 귀신으로 불리우는 데는 다 그만한 이유가 있다.

일반적으로 전화개통 작업은 번거롭다. 일단 전람원은 전화개통을 신청한 사람의 아파트를 직접 방문해야 한다. 또 아파트 지하단자에서 신청자 호수와 맞는 것을 찾아 연결하고 전화국에서도 연결해서 서로 대조하고 확인하는 작업을 벌여야 하기 때문이다.

그러나 이런 사정을 모르는 신청자는 전화개통이 늦다고 불평하기 마련이다. 이런 불평을 이재석 씨는 말끔히 씻어버렸다. 개통신청이 들어오면 직접 사람을 내보내지 않고 시험실 여직원에게 연결명령만 내려 개통을 해준 것이다. 사무실에 앉아서 맞는 번호를 불러주는 그의 모습을 바라보는 동료직원들의 눈에는 당연히 '귀신'처럼 보일 수밖에 없다.

여기에는 그만의 비결이 있다. 그는 새로 입주하는 아파트 등을 사전에 혼자 돌아다니며 600세대의 전화선 연결작업을 하고 호수와 전화선을 기록해 놓는다. 따라서 신청이 들어오면 호수만 확인하고 바로 연결해 준다. 이는 이제껏 동료 전람원들이 해왔던 방식이 비효율적이라는 생각에 따라 한결 개선된 방법을 몸소 실천해 보인 것이다.

"지금까지는 전람원이 직접 신청자를 방문해 설치하는 것이 최상의 서비스라고 여겨졌죠. 그러나 고객이 원하는 서비스는 최대한 빠른 시간에 개통시켜주는 것입니다."

● 제안은 지식공유의 수단

이재석 씨는 번득이는 아이디어로 똘똘 뭉친 사람이다. 또한 아이디어가 떠오르면 즉시 메모한다.

이러한 습관을 통해 1984년 사원교육을 통해 창안제도가 있다는 것을 안 시점부터 지금까지 그가 제안한 것만도 수백 건에 달할 정도다. 이 가운데는 도면의 완성에서부터 제품의 상품화 단계까지 완벽하게 제안하는 이른바 '전문제안'도 10여 건이나 포함돼 있다.

"내가 지닌 노하우를 통해 업무를 개선하고 개선된 업무가 다른 동료들에게 별도의 비용부담 없이 빠르게 전파될 수 있는 좋은 방법이 제안제도라고 생각해 적극 활용했죠."

실제로 그가 제안한 대표적 사례는 다목적 오토바이 개발과 아파트 전화신청 즉시개통체제 구축, 전주 설치기 개발, PVC관 절단기 개발, 풍력 관로선통기 개발, 열 수축관 취부공법 개선, 전화케이블 드럼 적재 하차기 개발 등 주로 현장업무 개선과 관련된 것들이다.

"1970년경 전화국에 입사해서 10여간 일을 하면서 다른 부문의 업무는 선진국 수준에 도달했지만 전화가설 등 현장업무는 여전히 낙후됐다고 생각했습니다. 따라서 나와 동료들이 좀 더 편하고 효율적으로 일할 수 있는 방법을 모색했죠."

다음은 1985년 그가 최일선 전람원으로 근무할 당시 '다목적 오토바이'를 개발한 사례. 당시만 해도 전화선로에 장애가 생기면 양수기, 환풍기, 발전기, 콤프레서 등 현장작업장비를 트럭에 싣고 출동해야 했다.

그러나 길이 좁아 트럭이 들어가지 못할 경우 이들 장비를 여러 명이 각자 들어서 나르거나 오토바이에 실어 날라야 했다. 자연히 노동력이 많이 투입돼더라도 복구시간은 지연돼 주민의 불편이 이만저만이 아니었다. 따라서 그는 이들 4~5개 장비 기능을 한 대의 오토바이에 장착시켜 최소의 인원으로 복구작업을 신속히 해결하는 방안을 제시해 제안상을 받기도 했다.

● 경험지식으로 승부한다

이재석 씨는 이러한 제안들을 내놓기 전까지 자신이 농업고등학교 출신이라는 핸디캡을 갖고 있었다.

"전람원 대부분이 공업고등학교 졸업자인 전화국에서 농고 출신이 발붙이기가 쉽지 않았습니다. 남보다 뒤떨어진다는 생각이 나 자신을 더욱 채찍질했다고 생각합니다. 그러나 이젠 현장경험을 후배들에게도 지도하면서 학교공부만이 전부가 아니라는 것을 실감하고 있습니다."

그는 웬만큼 어려운 일을 쉽게 포기하지 않는다. 그가 심혈을 기울인 '관로선통기(풍력을 통해 통신관료에 전화케이블을 손쉽게 설치하는 기계)' 개발에만 8년간 매달렸다는 사실이 이를 뒷받침한다. 그것도 일상적인 전화국 업무를 병행하면서.

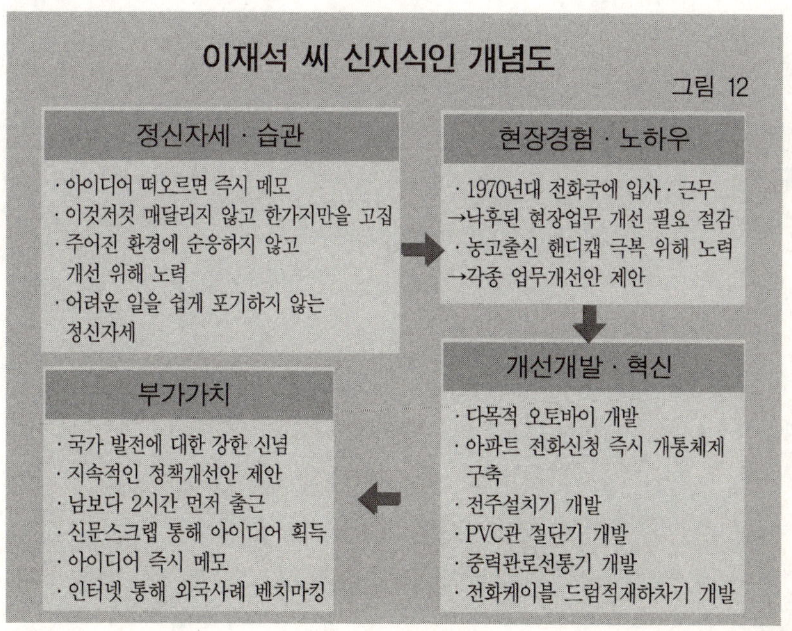

　최근 한국전기통신공사 본사는 임직원들이 전남사업본부에 출장을 올 경우 어김없이 이재석 씨가 근무하는 전화국을 방문해 개선된 장비를 살펴보고 보고하라는 지시를 내린다. 또 그의 아이디어를 제품으로 개발하기 위해 별도의 예산을 전화국에 배정할 정도다.

　그는 지금도 구상중인 몇 가지 아이디어를 실행에 옮기기 위한 준비작업에 여념이 없다. 또한 앞으로도 자신의 이러한 특기를 살려 현장 업무를 개선하는 데 매진할 것이라고 힘주어 말한다.

미래는 투자하는 자만의 것이다
—아시아자동차 직장 홍기홍

'지식과 지혜는 무한정 지닐 수 있는 자원이다.'

아시아자동차 자재지원부 직장으로 근무중인 홍기홍 씨는 이렇게 생각한다. 그는 생활 속에서나 주위의 환경에서 불합리한 것을 못 참는 성격의 소유자다.

때문에 눈에 들어오는 잘못된 것들부터 고쳐야겠다는 신념을 갖고 먼저 주변의 작업환경부터 바꿔나가기 시작했다. 불합리한 것들을 개선해 놓으면 작업하기가 한결 수월해지고 일의 능률도 올라가기 때문이다.

그러나 이러한 작업의 개선, 개발에 나서기 위해서는 먼저 자기 스스로 지식을 터득하고 이를 통해 자신부터 개선, 개발해야 한다는 것을 그는 누구보다도 잘 알고 있다.

"모든 일에 나 자신부터 앞서서 솔선 수범하는 자세를 지녀야 합니다. 그래야만 동료들도 기꺼이 따라줄 것 아니겠습니까."

그는 또 개선, 개발 과정에서 습득한 지식을 토대로 발명에도 힘을 쏟았다. 이 결과 월간 4건 정도의 업무개선 효과를 거둔 것은 물론 지금까지 수 십여 건의 특허를 출원했다. 이와 함께 자신만의 경험과 그 동안 모은 자료들을 방법지로 체계화한 『나의 발명기법』이라는 서적을 출간했다.

●홍기홍의 발명 노하우

어릴 때부터 가난한 환경에서 자란 홍기홍 씨는 누구에게나 공평하게 기회가 열려 있는 것이 바로 '지식'이라고 생각한다. 따라서 본인의 노력여하에 따라 얼마든지 자기 것으로 만들 수 있는 지식 탐구에 열중했다.

"내가 몸담고 있는 회사가 치열한 경쟁 속에서 살아남기 위해서는 어떻게 해야할 것인가를 생각해 봤습니다. 이 때가 기아자동차 부도 사태 이전입니다. 기술력을 보유하는 것만이 내가 살고 나라가 살 수 있는 길이라고 생각해 발명에 관심을 갖게된 것이죠."

그는 처음에는 무작정 발명에 달려들기만 했다. 당연히 돈도 많이 썼다. 그러나 차츰 실패를 통해 요령을 터득했다.

여기에는 그만의 노하우가 있다. 우선 어떤 상품을 보았을 때 새로운 상품에 적용해 보려는 욕심과 상상력이 남보다 앞선다. 즉, 어떤 상품을 보고 단점을 찾아 그 것을 보완해서 신기능·신원리로 발전시켜 나간다.

둘째, 시대의 흐름을 예측한다. 즉 앞을 내다보고 미래에 요구될 기술이나 상품을 탐구한다.

"발명이라는 것은 시대에 뒤떨어지면 아무런 쓸모가 없게 되죠. 현재의 상품에 만족하는 것이 아니라 앞을 내다보고 필요를 생각하는 앞서가는 안목이 필요합니다."

그는 또 가장 중요한 발명 노하우는 실패에도 좌절하지 않고 끊임없이 도전하는 정신이라고 강조한다. 여기에다 발명에서부터 특허출원에 이르기까지 소질이 있다면 더할 나위가 없다는 설명이다.

● 미래를 위해 투자하라

홍기홍 씨는 자신에게 주어진 24시간의 80%를 가치창조의 시간으로 활용한다는 각오다. 그는 일어날 때, 잠잘 때, 길을 걸을 때나 식사를 할 때, 세수할 때나 출퇴근할 때 매순간을 새로운 고안을 위한 연구로 채워나간다.

"사람들은 누구나 자기계발을 위해 힘써야 합니다. 이를 위해 하루 한 시간만이라도 투자해야 한다고 생각합니다."

다음은 홍기홍 씨가 말하는 자신만의 10가지 생활지표다.

첫째, 하루 중 14시간 이상을 나의 미래를 위해 사용하라.

둘째, 일상생활 속에서도 늘 창의적으로 연구하라.

셋째, 지금 이 시간을 소중히 사용하라.

넷째, 늘 배우는 자세로 임하라.

다섯째, 항상 메모하고 실천하라.

여섯째, '나는 안된다'는 생각을 버려라.

일곱째, 목표는 항상 조금 높게 세워라.

여덟째, 오락은 되도록 삼가라.

아홉째, 주위에 적을 두지 말고 인맥을 두텁게 하라.

열째, 내가 걸어온 발자취를 남겨라.

● 일신우일신(日新又日新)

1989년 홍기홍 씨가 60여 명의 사원을 관리하는 직책을 맡았을 때다. 당시만 해도 부서의 특성에 맞는 시스템이 구축돼 있지 않았고 따라서 대부분의 업무가 그때그때 주먹구구식으로 운영됐었다. 당연히 재고물량 파악에서부터 정리정돈, 공급물량조절, 불량자재관리,

물류관리 등에서 여러 가지 문제점이 드러났다. 그는 따라서 '자재관리 작업표준서'를 작성하는 한편 새로운 관리시스템을 개발했다.

그 후에도 그는 사무실에 홀로 앉아 자료를 뒤적이며 쓰고 지우기를 수 차례 되풀이한 끝에 자동차 소파용품으로 대체할 수 있는 충격흡수장치를 고안해 회사에 제출했다. 전자석과 영구자석을 이용한 이 장치는 발명특허로 출원되기까지 했다.

이에 한층 고무된 홍기홍 씨는 자동차에 관련된 새로운 것들을 찾기 시작했다. 맨 먼저 오염된 공기를 필터로 정화시켜 깨끗한 공기를 유입시켜 줄 수 있는 차량용 공기정화장치를 고안했다. 또 사각지대와 후방을 한 눈에 볼 수 있도록 한 멀티스크린장치 등 차량내부와 관련된 특허사항만 23건이나 출원됐다.

1992년 4월~11월까지 8개월간 홍기홍 씨는 환경안전 분야에서 67건, 건당 개선소요일 7.6일, 월간 개선건수 3.9건이라는 기록들을 수립했다. 또 그의 이러한 개선활동으로 그의 회사는 1억여 원의 비용절감은 물론 80평의 면적절감 효과를 거뒀다.

● 방법지 '나의 발명기법'

홍기홍 씨는 발명과정에서 필요한 자료나 정보를 획득하는 데 큰 애로를 겪었다고 실토한다. 발명을 하려 해도 발명에 관한 포괄적인 내용을 담은 책이 없었기 때문이다. 따라서 그는 발명에 관한 모든 것을 담고 있는 안내서가 있다면 다른 사람들의 창의력 개발에 도움이 될 것이라고 생각했다.

"제 적은 지식을 이용해서라도 주위 사람들에게 큰 보탬이 될 수 있다면 좋겠습니다."

그렇게 해서 올해 1월 발간한 것이 『나의 발명기법』이라는 책이다.

이 책에는 특허·발명기법 10계명, 발명 아이디어 창출의 기본, 발명 이야기, 특허출원서, 직무발명, 산업재산권 출원 및 등록현황, 발상법 훈련 등의 내용을 담고 있다.

그는 동료나 후배들이 하루에 단 한시간이라도 자기계발을 위해 사용하기를 바라는 마음에서 '발명기법'에 관한 강의에도 나서고 있다.

백지상태에서 특허까지
-동충하초 버섯 재배농민 이재일

농업은 지금까지 1차 산업으로 분류됐
다. 생산을 위해 투입되는 중요 요소가
토지와 노동이었기 때문이다.

그러나 농업도 다가오는 새로운 밀레니
엄에는 명실상부한 '지식기반산업'이다. 단순히 몸으로 때우는 농사가
아니라 농민 스스로의 지식을 최대한 활용해야 하기 때문이다. 그 것
이 바로 농업의 경쟁력을 높이는 길이요, 심훈(沈薰)이『상록수』에서
제시한 농촌 재건의 새로운 길이다.

버섯재배농민 이재일 씨. 그는 20년이란 세월을 버섯농사만을 고집
해 왔다. 그렇다고 그가 재배하는 버섯은 송이버섯이나 표고버섯과
같이 흔히 볼 수 있는 버섯이 아니다.

그는 신비의 버섯으로 일컬어지는 '번데기 동충하초(冬蟲夏草) 버섯'
을 누구보다 먼저 연구했다. 또 국내외 대학교수들도 성공하지 못한
대량 재배방법을 개발해 특허까지 획득했다. 끊임없는 연구와 실험을
통해 새로운 지식을 창출, 이를 적극 활용하고 있는 것이다.

● 미래의 식량 에너지원 '버섯'

빈농의 아들로 태어난 이재일 씨는 스스로 농민임을 자랑스럽게 생
각한다. 또 미래의 잘사는 농촌을 만들기 위해 항상 준비하는 자세로
살아가고 있다고 자신한다.

"중학교 시절에 읽었던『상록수』에 깊은 감명을 받고 장차 피폐한
농촌 재건에 몸을 바치겠다는 일종의 신념을 갖게 됐습니다."

그가 버섯재배를 본격적으로 시작하게 된 배경은 그의 지식습득 습관에 기초한다. 그는 다양하고 많은 정보를 얻기 위해 하루 3시간에 걸쳐 6개의 신문을 구독하고 있다. 이러한 습관을 통해 그는 미래의 식량 에너지원이 버섯이라고 UN 세계식량기구가 규정했다는 신문보도 내용을 접하곤 1979년 느타리버섯 재배를 시작했다.

그는 또 농민이 살아남기 위한 길이 과연 무엇인가를 고민한 끝에 생산자인 농민이 생산에서부터 가공 및 유통까지 주도적으로 참여해야 한다고 생각했다. 따라서 그는 버섯의 종균배양, 재배, 가공 및 유통을 일괄하는 주식회사 대영버섯이란 법인체를 설립하기도 했다. 그러나 의욕만 앞서고 준비가 소홀한 탓에 사업개시 2년 만에 잘사는 농촌을 만들겠다는 농촌 청년은 일단 실패의 고배를 마셔야 했다.

●동충하초와의 만남

그에게 또 한번의 시련이 닥쳐왔다. 1992년 봄 아내가 앓고 있던 뇌종양이 재발된 것. 병원에서는 이미 포기한 상태였지만 그는 결코 포기할 수 없었다.

언론매체를 통한 정보습득은 그에게 버섯재배를 시작하게 만들었고 이번에는 아내의 불치병을 치료할 수 있는 신비의 버섯과 조우(遭遇)하는 계기를 만들었다.

"수많은 버섯 중에 아내의 암을 치료할 수 있는 버섯이 분명히 있을 것이란 믿음으로 새로운 버섯을 열심히 찾기 시작했죠. 그러던 중 동충하초라는 버섯에 면역증강과 불치병을 치유할 수 있는 성분이 있다는 정보를 언론매체를 통해 입수하게 됐습니다."

때마침 중국과의 수교가 이뤄지면서 등소평이 평소에 복용했다고 알려진 동충하초에 대한 기사가 언론매체를 통해 소개된 것이다. 무심코 흘려버리기 쉬운 정보였지만 당시 지푸라기라도 잡고 싶은 심정이었던 그는 동충하초의 가능성을 포착하고 본격적인 자료수집 및 학문적 연구에 들어갔다.

● 백지상태에서 특허까지

당시만 해도 동충하초에 관한 국내 자료는 전무한 상태였다. 그는 중국 연변대학 농학원 교수인 장기건(將基建) 박사로부터 중국에서 연구 발표된 동충하초에 관한 논문자료를 어렵사리 입수하는데 성공했다. 또 일본 자료들도 일일이 사전을 찾아가며 연구에 참고하고 인터넷을 통해 일본, 영국, 미국 등지의 관련 자료를 습득했다.

그는 이러한 과정을 통해 400여 종이나 되는 동충하초 중에서 가장 효능이 좋고 과학적으로 증명된 번데기 동충하초 재배에 중점을 두고 연구에 몰입할 수 있었다.

실제 연구에 들어가서는 경기도 용문산에서 자생 균주를 직접 채집하기도 했고 미국 ATCC사의 균주와 중국의 균주도 구입해 비교 실험도 해봤다. 또 학문적 뒷받침을 얻기 위해 서울대 농업생명과학대학 임웅규(1998년 작고) 교수에게 번데기 동충하초 성분 검사 및 기초조사를 의뢰하기도 했다. 이것을 계기로 그는 지금도 서울대 안용준 교수와 산학협동으로 번데기 동충하초에 관해 공동연구를 진행중이다.

그는 이러한 연구결과를 토대로 '곤충만을 이용한 동충하초 버섯의 대량재배 방법'을 최초로 개발, 1996년 8월 특허를 출원했다. 특허청으로부터 기술을 인정받아 1998년 11월 특허 제179455호를 획득하는 데 성공했으며 3건의 특허를 추가로 출원하는 한편 차후 농민들이 주주가 되는 제약회사 설립을 위해 4건의 상표출원까지 마쳤다.

● 지식창출의 시너지 효과

이재일 씨는 자신이 어렵게 획득한 동충하초 재배지식을 다른 사람
들에게도 적극 확산시키고 있다. 그는 1997년 자신의 인터넷 홈페이
지(www.jangback.com)를 만들어 동충하초 버섯 재배방법에 대한
노하우를 공개하고 있다. 최근에는 그의 인터넷 홈페이지를 보고 외
국 바이어들이 직접 찾아와 상담을 벌이고 있어 조만간 일본 및 미국
등지로 수출될 전망이다.

"번데기 동충하초 버섯은 고부가가치 상품으로 만들어 수출하면 반

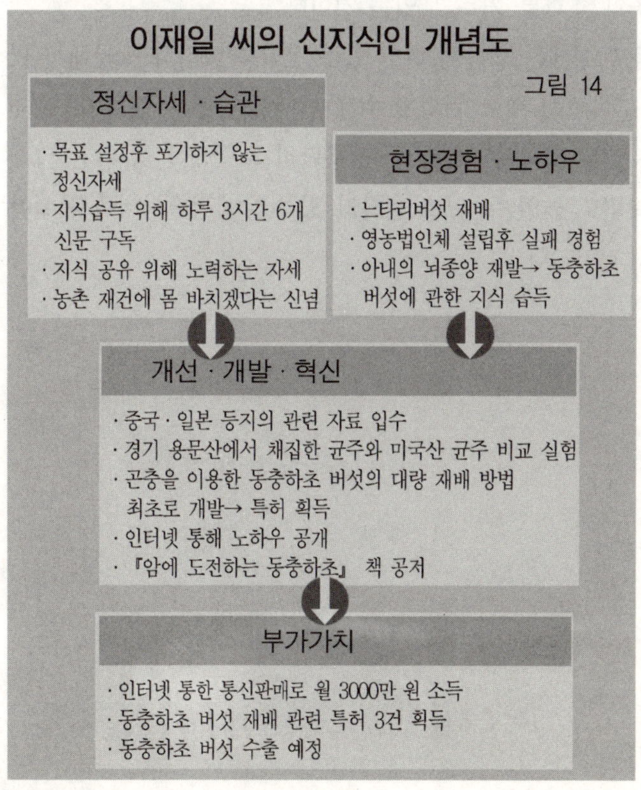

자료 : 매일경제신문, 1999

도체 못지 않은 국가 기간산업으로 육성, 발전시킬 수 있을 것이라고 확신합니다.”

 그는 또 인터넷을 통한 통신판매를 통해서만 매달 3000만 원의 고소득을 올리고 있다. 아울러 서울대 임웅규 교수, 우석대 조덕현 교수와 『암에 도전하는 동충하초』란 서적을 공동 편저해 올바른 동충하초의 효능과 재배법을 알리는데 기여하고 있다.

 끊임없는 지식습득의 결과 이재일 씨는 아내의 불치병도 완치시키고 창출된 지식을 공유, 확산시키는 것은 물론 지식을 통해 고소득을 올리는 1석 3조의 효과를 거두고 있는 것이다.

“우리 농민들도 이제는 남들이 하고 있는 방식을 따라하는 것에서 벗어나 자신의 분야에서 최고가 되기 위해 인터넷을 통한 정보입수, 기초조사, 원가절감, 해외시장개척 등에 부단히 노력해야 합니다. 그래야만 국가경쟁력도 높일 수 있고 울타리 없는 국제경쟁시대에서 살아남을 수 있을 것입니다.”

순한 맛과 매운 맛

―고추재배 농민 이종민

사람들은 보통 고추를 보면 '맵다'라는 생각을 떠올린다. 우리네 음식에도 매운 맛을 내기 위해서는 고추가 '약방의 감초' 격으로 들어간다. 그런데 고추에도 아주 매운 고추와 덜 매운 고추가 있다면 어떨까. 마치 요즘 시중에 판매되는 매운 맛과 순한 맛의 라면처럼……. 사람들은 자신들의 취향에 맞춰 고추를 구입할 수 있을 것이다.

충북 음성의 고추재배 농민 이종민 씨는 '고추는 맵다'라는 사람들의 고정관념을 깨뜨린 사람이다. 고추재배 경험을 통해 자신의 일을 끊임없이 개선·개발·혁신시킨 결과이다. 또한 그는 고추재배 과정에서 누구보다 먼저 소비자의 취향을 생각했다.

그는 양을 중시하는 우리네 풍토 속에서도 유독 질을 우선시 했다. 남들이 생산량에만 관심을 갖고 있었을 때 그는 이른바 '맞춤 생산'을 농업에 접목시킨 것이다. 뿐만 아니라 이제는 어렵게 터득한 자신만의 노하우를 다른 사람들과 공유하는데 앞장서고 있다.

● 고추재배 농민에서 '고추도사'로

이종민 씨가 고추재배를 시작한 것은 20년 전부터. 군대를 마치고 고향에 돌아온 그는 별다른 거부감 없이 고추농사를 천직으로 생각했다. 이미 고추농사를 하고 있었던 부친의 영향도 무시할 수 없었다.

그도 처음에는 다른 농민들과 크게 다를 바가 없었다. 단지 기존의 농사방식보다 수확량을 집중적으로 늘려야 한다는 생각뿐이었다.

1992년 그는 기존의 노지 재배와 하우스재배의 단점을 보완한 '고추 비가림 재배법'을 고안해냈다. 겨우내 정성 들여 키운 고추모종을 3월 초 하우스에 심은 후 이듬해 2월까지 약 9개월에 걸쳐 고추를 수확하는 방식이다.

그는 이러한 방식을 통해 여름 한철에만 재배하는 일반농가에 비해 6~7배나 높은 생산량을 올릴 수 있었다. 또한 다른 농가보다 2개월 먼저 씨를 뿌려 2개월 먼저 출하할 수 있었던 탓에 높은 소득도 올릴 수 있었다.

그는 여기서 멈추지 않고 1993년부터는 수확한 고추를 태양초로 만드는 방식을 개선했다. 고추를 태양에 직접 말릴 경우 50% 이상을 못쓰게 되는 단점을 보완하고 싶었던 것이다. 그래서 생각해낸 것이 '삼열식 고추건조법'. 먼저 자갈을 10cm정도 깔은 다음 햇볕으로 데워진 자갈 위에 고추를 말린다. 또 온도가 35도 밑으로 떨어지면 자동적으로 작동되도록 자갈 밑에는 보일러시설을 설치했다. 그는 이러한 방식으로 99% 이상을 상품화하는 데 성공했다. 생산량도 늘린 데다 불량률까지 낮췄으니 금상첨화가 따로 없는 셈이다.

●순한 맛과 매운 맛

이러한 개선·개발 과정에도 이씨는 전혀 만족스럽지 못했다. 문제는 중간상인이었다. "중간상인을 거치지 않고 판매하기 위해서는 생산량을 늘리는 것 외에 별도의 경쟁력을 갖추는 것이 급선무였다"고 그는 설명한다.

그는 따라서 '청결'과 '소비자의 기호'를 최우선을 삼았다. 우선 고추를 말리기 전에 깨끗이 세척할 수 있도록 세척기를 구상해 공업사에 제작을 의뢰했다. 이렇게 해서 그는 8년 전부터 세척기를 이용한 청결고추를 생산해 왔고 '고추'라는 농산품으로 전국에서 최초로 품질인증을 받기에 이르렀다.

그 다음으로 역점을 둔 것은 매운 맛을 달리하는 고추재배였다. 그는 이러한 노하우가 경험에서 비롯된 것이라고 말한다.

"고춧가루용이 아닌 고추는 매울 필요가 없죠. 또 순한 맛의 고추가 필요한 환자가 많다는 사실을 우연한 기회에 접하게 됐습니다."

그는 고추의 맛을 조절하는 비결이 재배법과 온도조절에 있다고 귀띔 한다.

"온도의 높고 낮음을 조절한다거나 물을 앞서서 주거나 화학비료를 쓰지 않고 퇴비로만 생산합니다. 또 고추가 단 맛을 띨 때 말리면 조금 매워집니다."

●소비자는 왕

이씨가 1년에 생산하는 고추는 2만~2만 5000근(약 12톤)으로 전국에서 둘째가라면 서러울 정도다. 그런데 그는 고추시세와 상관없이 1근당 6000원을 고집하고 있다. 이유는 한 가지, 소비자와의 약속을 지키기 위해서다. 작년에는 1근당 1만 2000원까지 고추시세가 띌 때도 6000원에 고추를 판매했다.

그는 또 소비자를 상대로한 홍보도 중요시한다. 따라서 자신을 찾아온 방문객이나 주변의 잠재고객들에게 그는 소포장 샘플을 무료로 제공한다. 처음에는 사람들로부터 제정신이 아니라는 말도 들었다.

"어렵게 재배한 고추를 무료로 나눠주는 것을 보고 아버님이나 동네사람들 모두가 이상하다고 손가락질 할 정도였죠."

그러나 소문이 확산되면서 수확기만 되면 하루 400~500명의 소비자들이 고추를 구입하려고 방문하기 시작했다. 또 전화가 폭주해

군청에서 전화 받는 인력을 별도로 지원받았을 정도다.

"2만 근 정도의 고추를 생산하는데 주문은 80만 근이 넘을 정돕니다. 때문에 무조건 주문하는 소비자들에게 20근 이상은 판매하지 않고 있습니다. 특히 순한 맛의 고추가 필요한 환자들에게 우선적으로 공급하고 있습니다."

● 노하우 공유와 꾸준한 연구

이씨를 찾아오는 사람은 1년에 어림잡아 1만여 명을 헤아린다. 대부분이 소비자와 관광객, 그리고 농사를 배우려는 사람들이다. 그는 특히 고추농사를 배우고자 하는 사람들에게 모든 재배방식과 자료를 공개한다. 또 현장견학을 시키면서 직접 설명하거나 강연도 한다.

"농사를 자신만 잘 짓겠다는 생각은 이미 낡은 것이죠. 서로의 경험을 공유하면 배울 것도 많아지고 모두 함께 잘 살 수 있게 되는 것 아

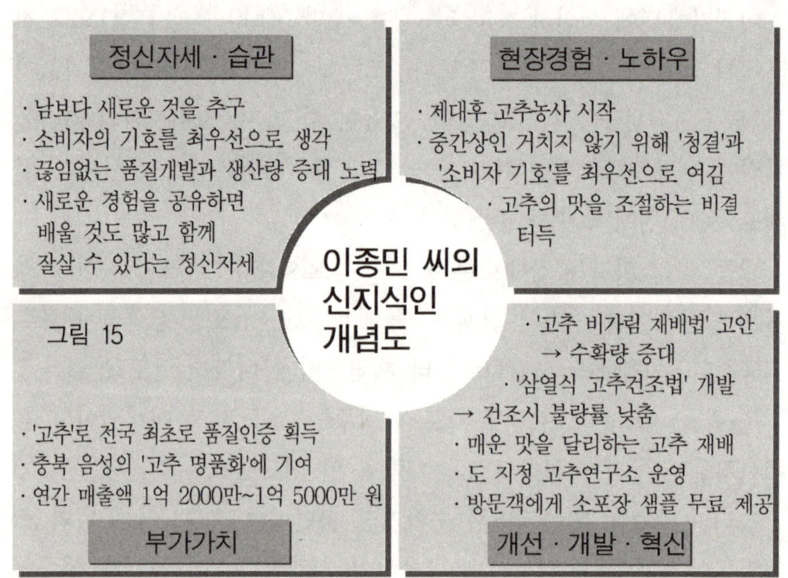

닌가요."

　이 씨는 요즘도 전국 최초로 도 지정 고추연구소를 운영하면서 끊임없는 품질개발과 생산량 증대, 새로운 건조법 등을 연구·개발하는 데 심혈을 기울이고 있다. 특히 고추의 맛과 신선도를 오랫동안 유지할 수 있는 저장법을 개발할 생각이다. 아울러 고추재배의 변천사를 한 눈에 볼 수 있는 교육장을 설립할 예정이다. 이러한 이종민 씨야말로 새로운 밀레니엄에 걸맞은 농민인 것이다.

　"잘한 일을 행하면 2~3년 후에 그 대가가 돌아오지만 잘못한 일의 대가는 바로 그 다음날부터 받게 된다. 남들이 알아주지 않아도 내가 떳떳하게 일하면 언젠가는 인정을 받게 된다."

지식은 나눌수록 빛을 발한다

외우지 않고 기록한다
—SK건설 부장 이광랑

누구에게나 똑같이 주어지는 하루 24시간. 어떤 이는 하루를 무료하게 보내는 반면 어떤 이는 24시간을 48시간처럼 활용한다.

SK건설의 이광랑 부장. 그는 시간을 다스리며 시간을 지배하는 사람이다. 그래서 국내 샐러리맨 중에서 바쁜 사람으로 둘째가라면 서러운 사람이기도 하다.

건설회사 부장이면서도 매주 토요일 오후에는 박사과정 수업을 들으러 가고 사내 강의와 그룹연수원 강의는 물론 외부기관의 강의에도 불려 다닌다. 그것도 모자라서 건설부와 노동부 등의 전문위원으로도 활동 중이다.

그런데도 이 부장의 부서에는 현재 진행중인 대형 건설프로젝트가 3개나 된다. 그는 100억 원이 넘는 이들 프로젝트들을 사무보는 여직원도 없이 남자 직원 2명과 훌륭히 소화해 낸다. 이처럼 몸이 열 개라도 모자라는 상황에서 이 부장은 10여 년간의 현장경험을 토대로 관련 실무서적을 아홉 권이나 출간했다.

그는 자신만의 비결이 구체적인 계획수립과 점검을 습관화한데 있다고 말한다.

"계획을 세우지 않는 것은 실패를 계획하는 것과 같다. 구체적인 계획이 성공여부를 가늠한다."

● 외우지 않고 기록한다

이 부장의 꼼꼼한 일면을 잘 보여주는 것은 그가 소중히 아끼는 다이어리이다. 인사부와 함께 개발했다는 '잡-다이어리(Job-diary)'에는 연간·월간·주간·일일 계획과 함께 분단위로 일정을 기록해 이행과정 및 결과를 점검할 수 있도록 돼 있다. 그 속에는 지금까지의 수많은 경험들이 한 순간도 빠지지 않고 상세히 기록, 저장돼 있다. 그는 이것도 모자라 별도의 작은 수첩과 보이스펜(소형 녹음기)을 항시 지참해서 다닌다.

이 부장의 철저한 자기관리는 이처럼 하찮은 것이라도 기록하고 메모하는 습관에서 비롯된다.

"외우지 않는다. 또 한번 외웠던 것을 오랫동안 기억할 수 있을 정도로 머리도 좋지 않다. 그래서 나와 관련된 일이라면 무엇이든지 기록한다."

그래서 그는 신입사원 시절부터 기록해온 자신만의 업무일지가 이제 50여 권에 이르고 있다.

이 부장의 또 다른 지식 습득 및 관리 노하우는 신문스크랩이다. 물론 신문스크랩에는 아내의 도움이 절대적이다. 그는 매일경제를 비롯해 3가지 신문을 구독하고 있는데 건강관련 기사는 노란 색, 재테크 기사는 핑크 색, 그리고 경영 또는 신기술·트렌드 관련 기사는 가장 중요하다고 생각해서 빨간 색으로 체크를 해놓는다. 그러면 그의 아내는 해당 기사를 오려서 분야별로 스크랩한다.

이 부장 식구들은 매년 1월 1일이면 함께 모여서 1년간 할 일을 계획으로 만들고 평가하는 연례행사(?)를 갖는다. 이 부장의 중학교 3학년 짜리 아들도 예외는 아니어서 '영어공부를 잘 하자','시간을 효율적으로 활용하는 습관을 기르자' 등 자신이 해야할 일을 파워포인트로 직접 작성했다.

"성공적인 신지식인 사례들을 벤치마킹해서 나는 물론이고 우리 가족의 지식고도화를 위한 계획을 수립해 시행하고 있다"고 이 부장은 설명한다.

● 외국회사에서 느낀 문화충격

강원도 영월 출신의 이광랑 부장은 직장 초년병 시절부터 백텔, 파슨스 등 세계 유수의 건설사 직원들과 업무상 접촉할 기회가 많았다. 이미 외국회사들은 1980년대 이전부터 모든 공정을 도식화해서 관리하고 있었다. 이 부장은 우리 기업들도 앞으로 저렇게 가야한다고 절감했다.

"그것은 일종의 문화충격이었다. 그들은 체계화·네트워크화돼 있었고 상당히 합리적이었다."고 그는 회고한다. 당시만 해도 국내 건설업체들의 일하는 방식은 말 그대로 주먹구구식이었기 때문이다.

그래서 그가 시작한 것은 작업공정을 도표로 만드는 일이었다. 계획서를 미리 짜놓고 언제까지 어떻게 한다는 과정을 도표(그림)로 그려놓는다. 담당자가 없어도 도표만 보면 아무나 작업을 진행시킬 수 있는 시스템을 만들자는 생각이었다.

"예전에는 어느 한 공정에서 늦어지면 며칠이 늦어질 지 알 수가 없었지만 작업도표를 그려놓고 현 공정을 체크하면서 미래를 예측할 수 있었다."

지금도 이 부장은 책상 뒤 벽면에 붙여놓은 작업공정 도표들을 통해 진행상황과 앞으로 추진할 일들을 점검하고 준비한다.

● 이론과 체험의 접목 그리고 공유

전문적인 글쟁이가 아닌 그가 바쁜 직장생활 속에서 9권이나 되는 책을 써낼 수 있었던 비결은 기록의 생활화를 통한 지식 습득·저장과 활용, 그리고 철저한 시(時)테크에 있다.

여기에 한 가지를 더 얹는다면 '능력이 될 때 도움을 주며 살자'는 그의 개인철학도 한 몫을 한다. 일상업무를 수행하는 과정에서 습득한 지식을 누구나 함께 공유할 수 있도록 하는 것이 '도움을 주는 것'으로 그는 이해하고 있다.

그의 이러한 생각에는 건설 프로젝트의 최고 전문가를 꿈꿨던 직장초년병시절 건설현장에서 뼈저리게 느꼈던 '이론과 실무와의 괴리감'이 깊숙이 깔려있다. 특히 누구나 쉽게 지침서로 활용할 수 있는 참고서가 없는 탓에 프로젝트 수행 중에 돌출된 애로사항이나 해결방안 등을 선배의 경험에 의존해야 하는 건설현장의 현실적 문제들을 시급히 해소하고 싶었다.

"사람은 이론과 체험에 의해서 성장한다. 1차로 이론은 학교에서 배우는 교육이고, 2차는 체험 즉 개인적 경험에서 배우는 산 지식이다. 우리는 이론과 체험을 접목시킨 훌륭한 경험을 지닌 선배들을 만날 수 있지만 책으로 자료화시켜 누구나 공유할 수 있도록 하지 않는다"고 그는 안타까워한다.

그래서 1993년부터 쓰기 시작한 실무서로는 공정관리입문서인『알기 쉬운 PERT 이야기』를 필두로『프로젝트 관리와 실무』, 건설 분야의 복잡한 인허가 관계를 풀이한『건설 전공정 인허가 실무』, 건설규제사항 해설집인『건설공사관련 법규 요약집』과『건축분쟁, 주택

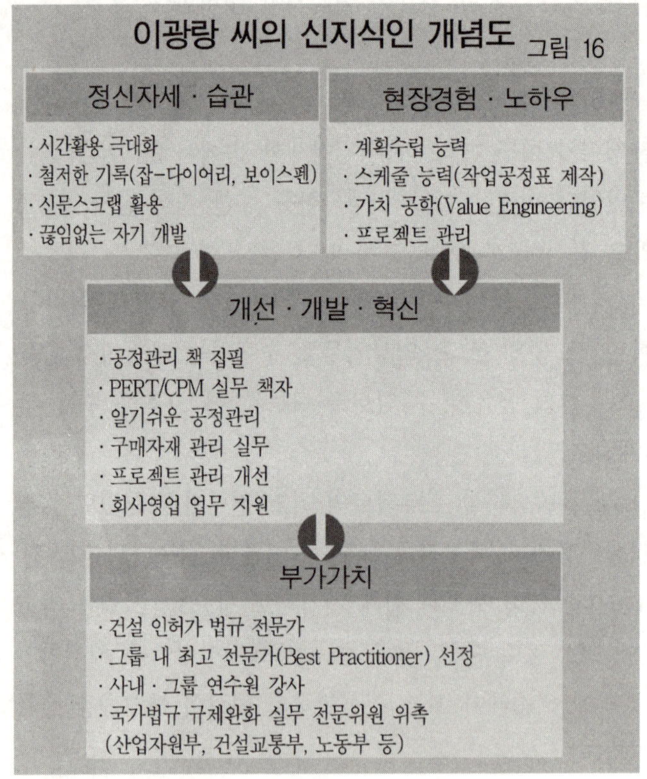

자료 : 매일경제신문, 1999

관련 법률대응』등이 있다. 또 최근에는 대형 프로젝트 등의 전공정
자재구매관리를 위한 『건설자재・구매관리실무』라는 1800쪽에 달하
는 방대한 분량의 실무서도 선보였다.

　이광랑 부장은 직장인들이 어떻게 자기자신과 자신의 일을 관리하
는 가와 그런 과정에서 어떠한 부가가치를 창출할 수 있는 가를 몸소
보여주고 있는 사람이다. 그래서 그가 얻어낸 부가가치는 결코 돈으
로 환산할 수 없을 만큼 소중하다고 할 수 있다.

내 집 같은 병원 만들기
-예치과 코디네이터 권선애

강남구 역삼동에 위치한 예치과에는 '코
디네이터'란 다소 생소한 직함이 있다.

코디네이터는 병원의 수납 및 예약업무
를 담당하면서 환자와 의사, 부서와 부서간
을 매끄럽게 연결시켜 주는 구실을 하도록
돼 있다.

예치과 11명의 코디네이터 중 한 사람인 권선애 실장은 접수창구
에서 수동적으로 수납업무를 담당하는 접수원(Receptionist)으로서
가 아니라 자신의 일을 적극적으로 개선하고 혁신해 가는 신지식인으
로서 코디네이터의 새로운 지평을 열고 있다.

권 실장은 현장 경험을 통해 환자들이 병원을 내 집처럼 생각할 수
있도록 하는 노하우를 터득하고 이를 실천에 옮기고 있다. 또한 자신
의 현장경험을 매뉴얼로 만들어 동료와 공유하는 등 지식전파와 공유
에도 탁월한 능력을 발휘했다. 이러한 노력은 권 실장이 근무하고 있
는 예치과가 국내 병원 중 가장 서비스가 훌륭한 곳 중 하나라는 평가
를 받는 데 결정적으로 기여하고 있다.

●내 집 같은 병원환경 제공

코디네이터가 단순히 접수와 수납업무만을 맡는다면 일은 수동적이
된다. 하지만 기다리는 환자들에게 증상에 대해 대화를 나누기도 하
고 의사에게 필요한 환자 정보를 알려주며 병원 곳곳을 살펴보고 사
무를 조율하는 등 적극적으로 나서면 얘기는 달라진다.

"종합병원을 가보면 환자들이 호소할 데가 없어요. 간호사들은 자신들의 업무를 보느라 바쁘고 의사를 만나기는 더욱 힘들죠. 코디네이터는 이러한 병원 내 장벽을 허물어 줄 뿐만 아니라 병원업무의 효율성을 높이는데 핵심적 역할을 할 수 있다고 생각합니다."

그 결과 예치과는 '제2의 고향'이라는 찬사를 비롯해 여러 환자들의 고충을 이해하고 들어주는 내 집 같다는 평판을 들을 수 있었다.

이러한 역할을 진두지휘하는 권 실장은 치과의사와 간호사들이 보지 못하는 병원 환경이나 경영 개선안을 여러 번 개진하기도 했다.

"우산을 준비해 두었다가 갑자기 비가 쏟아질 경우 우산을 준비 못한 환자들에게 빌려주자고 원장께 건의하고 시행에 옮겼는데 환자분들의 반응이 좋았어요. 보다 쾌적한 실내공간이 될 수 있도록 가구배치를 적절히 바꾸는 일도 코디네이터의 몫이 될 수 있죠."

게시판에 건강, 교양 기사를 실어 환자들에게 읽을거리를 제공하고 '우량환자 사은 프로그램'을 개발해 고객을 관리하는 아이디어도 그녀의 머리에서 나왔다. 생활 속의 작은 실천이지만 병원의 부가가치를 적지 않게 높이는 작업이었다.

● 약속관리 지침

어느 업무든 최상의 실행방법을 정례화해 여러 동료들이 공유할 수만 있다면 조직 경쟁력이 향상될 것은 뻔한 이치다.

권 실장은 예치과 코디네이터 중에서는 가장 오랫동안 근무해오면서 여러 가지 업무지침서를 만들었다. 환자진료 약속 지침을 비롯해 인사요령, 전화 받는 법, 환자응대법 등을 매뉴얼화한 것이다. 그 중 1998년 초에 작성한 '약속관리 지침'을 살펴보자.

"갑자기 개인 사정이 생겨 예약을 취소해야 할 것 같은데요"라는 환자들의 전화를 받게 되면 우선 '부드러우면서 동시에 실망스러운' 목소리로 예약 준수의 중요성을 설명하고 다시 한 번 재고해 줄 수 없느냐고 묻는다. 환자가 그래도 취소하겠다고 하면 두 번째 단계로 의사의 시간이 허비될 것과 치료의 지연이 좋지 않은 결과를 가져온다는 점을 언급한다.

"이 정도 되면 대부분의 환자는 친절하면서도 합리적인 코디네이터의 권고에 생각을 고쳐먹고 병원을 찾아오게 됩니다."

비합리적인 이유로 약속을 깨는 환자에게는 빠른 시일 내에 약속을 내지 않는 불이익을 줌으로써 약속이행률을 높여나간다.

권 실장이 작성한 업무지침서에는 각종 상황에 대해 어떻게 말을 하면 가장 바람직한 지 기술되어 있다. 또한 업무의 기본 개념과 약속기술, 처리순서도 정리해 놓았다.

이러한 노력으로 예치과의 약속이행률은 눈에 띄게 높아졌고 이는 병원의 매출 증대로 이어졌다. 15~20%가 상승해 최근의 약속이행률은 85~90% 수준에 도달하고 있다.

직원들의 인사법이나 전화통화 요령도 최상의 실행방법을 설정하고 실행에 옮기도록 해 예치과는 가장 뛰어난 여러 명의 간호사와 코디네이터가 일하는 병원으로 자리잡을 수 있었다.

● 타인의 본(本)이 되어야 한다

그녀의 대학 전공은 다소 의외다. 경희대 사회학과를 1993년에 졸업했다. 같은 해 입사 초기에 치과진료에 대한 지식이 거의 전무했던 권 실장은 부족한 지식을 채워야겠다고 생각했다.

매일 아침 한시간 일찍 출근해 동료 치위생사에게 진료 이론과 실습을 배웠다. 8개월 간 '개인수업'을 받고 나니 웬만한 내용을 터득할 수 있게 됐다.

그녀는 성실성 면에서도 동료들의 귀감이 되고 있다. 지금까지 한 번도 결석하거나 지각한 적이 없다는 점에서 잘 나타난다. 근무할 때는 '타인의 본(本)이 되어야 한다'는 프로의식을 가져야 한다는 게 그녀의 소신이다.

권 실장은 예치과의 자매기관인 예 아카데미(의료 컨설팅회사)에서 95~96년 동안 강사로도 활동했다. 이 기간 동안 자신의 업무 노하우를 성심껏 전수했다. 주로 환자 응대법, 인사법, 전화요령 등을 강의했고 그 해에 우수사원으로 선정되기도 했다.

"미국에서는 40~50대 연령의 코디네이터가 적지 않습니다. 이들은 경륜과 노하우를 바탕으로 환자를 최대한 편안하게 해주죠. 저도

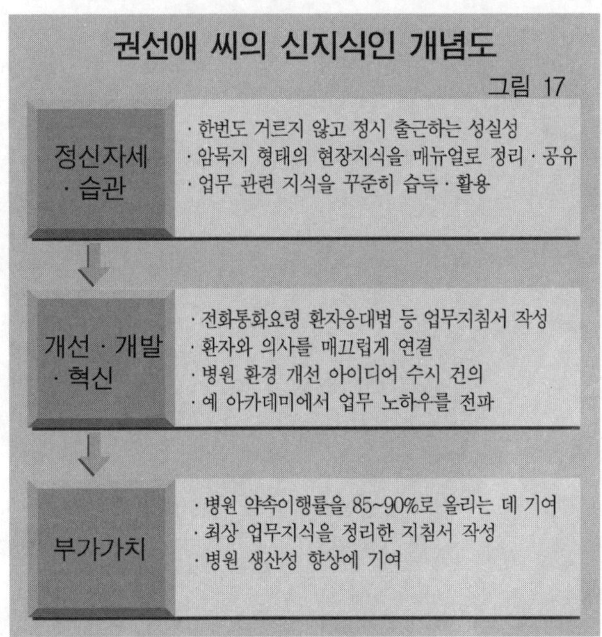

자료 : 매일경제신문, 1999

그러고 싶어요."

비교적 이직률이 심한 이 분야에서 오랫동안 근무하면서 자신의 전문 영역을 끊임없이 개척하겠다는 권 실장의 포부에서 전문직 여성으로서 '신지식인'의 면모를 느낄 수 있다.

고객은 편지 한 통에도 감동한다
– ING생명 보험설계사 김경도

IMF한파 속에서 보험판매로 억대 연봉을 받는 프로 세일즈맨이 되기 위해서는 자신만의 노하우를 토대로 끊임없는 개선·개발·혁신·공유·활용이 뒷받침되어야 한다.

그런 면에서 ING생명(구 네덜란드생명) 보험설계사 김경도 씨는 세일즈우먼으로서 신지식인의 면모를 갖춘 전형적인 사람이다. 수원지점의 지점장이 되기 전인 지난해 그녀의 연봉은 1억 2000만 원.

그녀는 1994년 당시 네덜란드생명에 입사한 지 4년 만인 지난해 10월 지점장(BM ; Branch Manager)으로 전격 발탁됐다. 국내 생보사와는 달리 대졸자가 주류를 이루는 네덜란드생명에서 고졸 여성으로는 처음으로 지점장이 된 것은 그녀의 두뇌 속에 내재된 '지식'을 적극 활용한 덕분이다.

●보험 속으로

그녀는 누구나 타고난 세일즈맨이 될 수 있다는 점을 보여준다. 결혼 후 1990년부터 다시 사회에 발을 들여놓은 곳은 남양알로에 세일즈 사원이었다. 그러나 한창 세일즈에 재미가 붙었을 때 그녀에게 다가온 시련은 또 다른 도전의 기회를 제공한다.

유사 암의 일종인 '상피내암'로 50여 일 간 병원에 입원을 한 것이 보험을 접하게된 인생의 전환점이 된 것. 그녀는 같은 병실의 한 노인이 보험의 혜택을 누리면서 편안한(?) 투병생활을 하는 것을 보면서 보험의 필요성을 절감했다.

퇴원 후 그녀는 곧장 자신의 경험을 행동에 옮겼다. 그 노인이 가입한 네덜란드생명에 전화를 걸어 가입의사를 밝혔던 것. 그러나 그녀는 보험사 담당자로부터 "한 사람 때문에 수원까지 내려가기 어렵다"는 답변을 들었다(당시 수원에는 영업소가 없었음).

다른 사람 같았으면 보험사를 옮겼거나 중도에 그만뒀을 텐데 그녀는 여기서 멈추지 않았다. 친구들 10명을 설득해 가입희망을 받아놓고 다시 서울에 전화를 거는 적극성을 보였던 것.

네덜란드생명은 이런 그녀의 적극성에 놀라 "직접 보험영업을 하면 어떻겠느냐"며 입사를 강력히 권유했다. 경험을 행동에 옮기려는 자세와 적극성이 보험과 인연을 맺고 또 신지식인이 될 수 있었던 촉매제가 된 셈이다.

● 편지를 통한 고객감동

막상 보험영업을 시작했으나 고객을 확보하기가 만만치 않았다. 그녀는 보험 세일즈맨에 대한 세상 사람들의 선입견을 무너뜨릴 수 있는 방법이 필요하다고 느꼈다.

그래서 그녀가 택한 방법은 '편지 쓰기'. 고객에게 거부감을 주지 않고 마음을 터놓을 수 있는 영업수단인데다 글쓰기에 남다른 소질을 최대한 살리자는 생각에서다.

"똘명 씨 안녕하세요", "사장님 형님 아줌마 중에서 뭐라고 불러드리오리까" 등 그녀의 편지는 대개 이런 식으로 부담없이 시작한다. 보험애기는 별로 하지 않고 살아가는 이야기를 펜 가는 대로 쓸 뿐이다.

"대부분 고객은 편지 2통을 보내면 어떤 형태로든 응답이 오기 마련입니다. 편지로 먼저 마음을 터놓고 애기하면 사람을 사귈 수 있게 되고 그러면 보험계약은 저절로 따라오는 부산물이 되는 거죠."

그녀는 고객에게 보낸 1000여 통의 편지 중 일부를 추려『그래서 나는 한 그루의 나무가 되겠습니다』라는 제목의 단행본을 펴냈다. 현장경험을 통해 얻은 자신만의 방법지를 다른 사람들과 공유하려는 노력의 일환이었다. '편지 한 통으로 가망 고객발굴에서 고객관리까지'라는 부제가 붙은 이 책은 현재 ING생명은 물론이고 많은 보험설계사들의 영업전략 참고서로 활용되고 있다.

●톡톡 튀는 고객 봉사품

그녀가 고객에게 선물하는 '봉사품'은 독특하다. 그녀는 "전임지점장으로부터 봉사품의 중요성을 교육받고 나름대로 개발했다"고 말한다. 그녀는 개선·개발을 통해 자신만의 선물로 고객의 시선과 마음을 사로잡을 수 있었던 것이다. 예컨대 복날에는 고객의 건강을 생각해 삼계탕을 선물한다. 친정인 강원도에서 공수한 찹쌀, 대추, 밤과

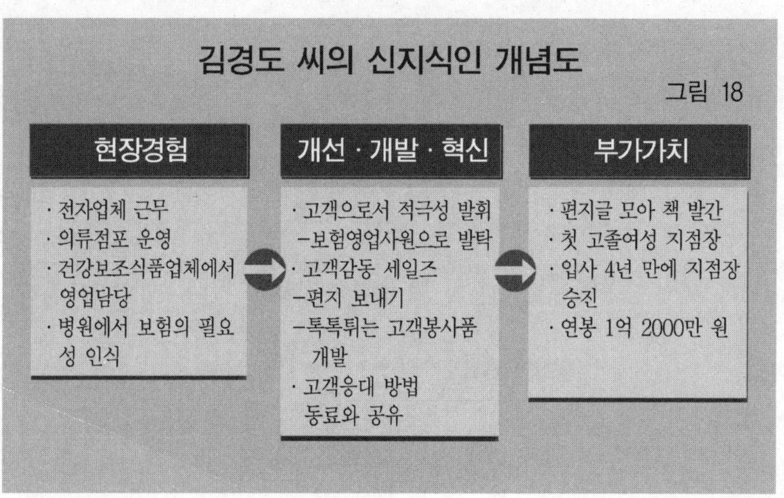

자료 : 매일경제신문, 1999

생닭을 정성스럽게 스티로폼 박스에 포장해 선물하는 것.

'2000원짜리 서명이 있는 음식점 명함'도 그녀의 독특한 고객 봉사품. 평소 깔끔하고 맛있는 음식점에서 명함을 한 통씩 얻어 그 명함에 자신의 서명을 하고 고객에게 전한다.

'음식이 먹을만 하니까 꼭 한번 들러보라'는 부탁과 함께……. 또 음식점에서는 그녀의 서명이 들어있는 명함을 내는 고객에게 2000원을 할인해 준다.

그녀가 ING생명의 첫 여성 지점장이 된 비결은 자신만의 이러한 개선·개발·혁신 외에 평소 부하 직원들(ING생명에서는 재정상담사(FC)라고 함)에게 '고객 대하는 법' 등 그녀만의 판매방법을 교육한데 있다. 이러한 지식공유를 통해 17명의 FC가 일하는 수원지점의 평균 연봉은 5000여만 원에 이르고 있다.

청소도 표준화한다
-진양메인티넌스 부장 정채균

청소용역 회사에 근무하는 청소전문가 정채균씨. 그는 학창 시절부터 군복무 시절까지 쌓은 모든 경험을 청소업무에 활용하면서 그동안 아무도 하지 못했던 업적을 이루어 냈다.

진양메인티넌스라는 청소용역 업체의 관리부장을 맡고 있는 그는 청소업무를 매뉴얼로 만들고 표준화함으로써 자신의 경험과 지식, 그리고 다른 사람의 노하우까지 구성원 모두가 공유할 수 있도록 했다.

정 부장은 그러한 작업을 통해 청소 분야에서는 국내 최초로 국제표준화기구(ISO)가 부여하는 국제품질인증(ISO 9002)을 획득했으며 제1회 위생관리 기능사 시험에서 전과목 만점으로 수석 합격하는 영광을 누리기도 했다.

그는 자신의 일을 끊임없이 개선하고 혁신해 나갈 뿐만 아니라 자신이 터득한 지식을 다른 사람과 공유하는 신지식인으로서 다른 사람들에게 탁월한 본보기가 되고 있다.

● 청소도 표준화한다

그가 맡고 있는 청소업무는 그 성격상 현장의 작업일지를 통해 업무가 관리된다. 현장마다 따로 관리되다 보니 각 현장의 노하우와 경험이 서로 공유되는 것은 거의 불가능한 일이었다. 그러나 정 부장은 "20여 년간의 현장 청소경험을 볼 때 개별적으로 흩어져 있는 노하우를 문서화함으로써 모두가 공유할 수 있다면 업무 효과 및 효율성을 높일 수 있다"고 판단했다.

그는 1997년 9월부터 주요 부서장을 모아 청소를 비롯해 경비 및 시설에 이르는 건물관리에 관한 표준화 및 매뉴얼화 작업에 돌입했다. 작업은 처음부터 쉽지 않았다. '업무에 당장 도움도 되지 않는 일에 무리하게 힘을 쓰는 이유가 뭐냐'는 반발도 있었고 업무 이외의 시간에 작업을 하다보니 힘들어 쓰러지는 사람도 생겼다.

그러나 그는 굳은 의지로 청소, 경비, 시설 등 각 분야의 현장소장들과 본사 전문가들을 이끌고 6개월 만에 표준화 작업을 마무리했다. 그가 어려운 작업이었지만 적극적으로 달려들었던 것은 오랜 경험을 통해 얻은 깨달음 때문이었다.

"현장을 관리하면서 같은 문제점이 여러 곳에서 되풀이되고 있다는 사실을 발견했습니다. 30여 곳이 넘는 현장을 일일이 다니면서 같은 내용을 교육하는 것보다는 업무 매뉴얼을 통해 표준화하는 것이 효과를 높일 수 있다고 생각했습니다."

그가 만든 회사표준은 매뉴얼과 규정, 작업표준 등 크게 세 분야로 구성돼 누구나 아주 쉽게 체계적으로 업무를 익힐 수 있도록 돼 있다. 그러한 작업을 통해 ISO인증을 받은 것을 계기로 현재 회사 내에서는 자연스레 지식의 공유가 이뤄지고 있다. 뿐만 아니라 다른 청소용역 업체들에도 영향을 끼쳐 갈수록 많은 기업들이 업무의 표준화에 나서면서 현재 청소업계에는 ISO인증 열풍이 불고 있다.

특히 한번 표준화로 만족한 것이 아니라 그 내용을 계속 갱신할 수 있게 만든 점이 돋보인다. 하나의 청소방법에 새로운 내용이 개발되면 그 내용을 바로 표준 매뉴얼에 담을 수 있는 체제를 갖춘 것이다.

● 개선 · 개발을 통한 수석합격

정 부장은 위생관리협회 주관으로 지난해 시행된 제1회 위생관리 기능사 시험에서 18과목 전과목 만점으로 수석 합격했다. 덕분에 보건복지부 장관으로부터 국민보건에 기여한 공을 인정받아 표창을 받는 영광을 누리기도 했다.

이러한 성과에 대해 대부분의 사람들이 놀라겠지만 그를 잘 아는 동료들은 평상시 그의 업무태도를 볼 때 당연한 결과라고 말한다.

그는 현장을 감독하면서 주로 장비 및 기자재 활용 및 사후관리에 대한 책임을 맡고 있다. 그러나 다른 책임자들과 달리 자신이 하는 일을 끊임없이 개선 · 개발 · 혁신하기 위해 남보다 많은 노력을 기울이고 있다. IMF라는 어려운 상황 속에서 인력 대신에 주로 사용하게 되는 장비에 대한 새로운 아이디어를 지속적으로 창출함으로써 남들이 생각지 못하는 가치를 만들어내고 있는 것이다.

예컨대 건물 주위에 녹지공간이 있을 때 건물 외곽을 물청소하기가 쉽지 않지만 그는 과거 농사짓던 경험을 살려 경운기 엔진을 활용한 농약분무기를 물청소에 활용함으로써 전기가 없이도 작업을 가능하게 했다.

또한 제설작업을 넉가래를 이용해 사람 힘으로 하던 것에서 벗어나 대형 건물 주위의 제설 효율성을 높이기 위해 엔진을 이용한 자동 제설기를 자체 설계 및 제작하는 기지를 발휘하기도 했다.

그밖에 카페트 청소 시 물세탁에서 비롯되는 곰팡이 문제를 해결하기 위해 스프레이를 이용한 건식 청소법을 도입한 것도 그의 아이디어였고 건물내 인테리어 손상을 최소화하기 위해 중성세제를 채택한 것도 그의 주장이 받아들여졌기 때문이다.

그가 장비 수리에 특히 관심을 갖게 된 것은 한번 고장나면 방치되

는 비효율을 도저히 참을 수 없었기 때문이다. "일선 청소원 시절 현
장에서 고가의 장비임에도 불구하고 고장나면 고칠 생각보다는 신장
비를 들여올 생각을 하는 것을 보곤 했다"는 그는 "장비를 수리하기만
하면 비용도 줄이고 청소효율도 높일 수 있을 것이라고 일찌감치 생
각했다"고 말한다.

● 특공훈련

그가 청소장비에 대해 해박한 지식을 갖게 된 데는 그의 경험이 큰
역할을 했다.

농사를 짓고 농고를 졸업했기 때문에 농기계에 대한 기초지식을 원
래 갖고 있었다. 더구나 군대시절의 특공훈련은 고층건물 유리창 청
소라든지 탑차를 이용한 고공청소 등을 겁없이 해낼 수 있는 자질을

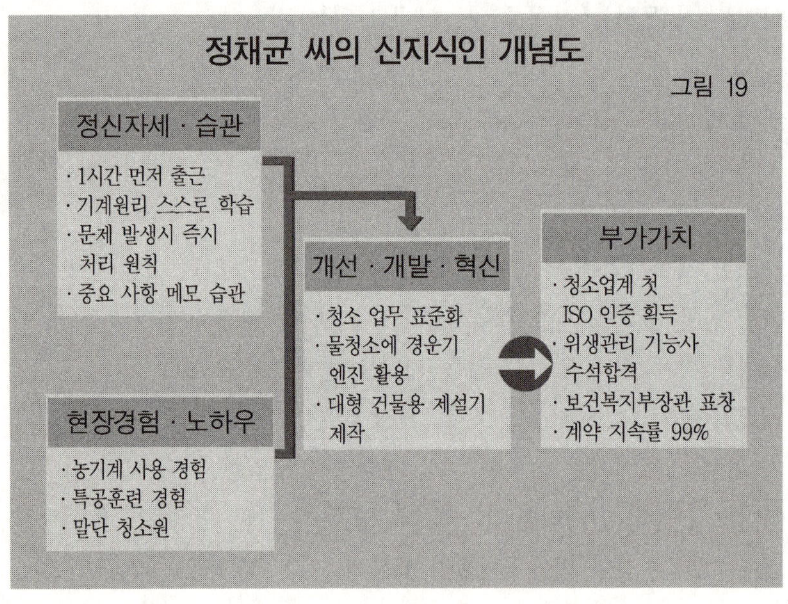

자료 : 매일경제신문, 1999

심어주었다.

또한 신장비가 들어오면 매뉴얼을 철저히 익힘은 물론 분해 결합을 반복하면서 기계 원리를 철저히 익히는 습관이 그의 몸에 배어 있다. 장비 납품업체 직원들조차 혀를 내두를 정도의 고장수리 실력을 갖추고 있는 것도 모두 그러한 습관 때문이다.

뿐만 아니라 현장의 애로사항을 듣는 즉시 해결하려는 습관을 갖춘 것이나 중요한 사항에 대해서는 항시 메모하는 습관도 그의 개선·개발에 많은 도움이 되고 있다.

또한 그는 부지런하다. 남들보다 1시간 먼저 출근해 현장을 돌아보고 본사로 출근한다. 아무리 늦은 밤이라도 장비에 이상이 있다는 연락이 오면 집에서 바로 뛰쳐나가 수리해야지만 성미가 풀린다.

그의 노력은 진양메인티넌스가 고객과 맺은 계약이 영구히 지속되도록 하는데 큰 힘이 되고 있다.

대개 1년 단위로 맺게 되는 청소용역 계약에서 건물주가 친인척 등에게 수의계약을 하는 경우 말고는 거의 계약이 파기된 사례가 없다는 것이 진양의 자랑이다. 관리부장으로서 그의 철저함과 아이디어의 창출이 결국 회사의 수익과 직결돼 나타나고 있는 것이다.

컴퓨터는 내 친구

아이들이 보여요!

–어린이집 '색동원' 원장 박지성

어린이는 어른의 미래요, 희망이다. 그
러나 아직 제대로 걷지도, 말하지도 못하
는 아이들을 떼어놓고 직장에 나가 일을
해야 하는 부모의 마음은 하루종일 편하
지 못하다.

물론 선생님들이 아이들을 잘 돌보고 있을 것이라고 기대는 하면서
도 어린 자녀가 보채지는 않는지, 식사는 제대로 하는지 궁금하지 않
을 수 없기 때문이다. 어린이집 색동원의 박지성 원장. 그는 부모들의
이런 고민을 일시에 해결해줬다.

'인터넷 실시간 자녀관찰 시스템', 박 원장은 부모들이 인터넷을 통

해 자녀의 노는 모습을 직접 실시간으로 관찰할 수 있는 시스템을 설치해 어린이집의 수준을 한 단계 끌어올렸다.

대학에서 그의 전공은 경영학이다. 유아교육은 전혀 배우지도 않았다. 게다가 어린아이를 직접 키워본 적도 없다. 그러나 그는 여느 어린이집에 뒤지지 않을 뿐더러 오히려 최첨단을 달리는 어린이집을 운영하고 있다. 또 국내 최초로 어린이집에 경영마인드는 물론 프랜차이즈 시스템을 도입했다.

● 받은 만큼 보답한다

박지성 씨는 긍정적이고 유연한 사고를 소유하고 있다. 획일적이고 강요적인 것은 딱 질색이다. 때문에 졸업 후 어렵사리 취직한 직장도 몇 달만에 그만뒀다.

그는 또 누구보다도 자기 자신을 사랑한다. 늘 스스로에게 떳떳한 삶을 살기 위해 노력한다. 자신의 이러한 성격형성에 부모님의 영향이 절대적이었다고 박지성 씨는 설명한다.

"죽어서 흙에 묻힐 때 즐겁고 가치 있게 살았느냐고 물어봐라. 만약에 그렇다면 웃으면서 죽음을 맞이해라. 이 말을 아버님으로부터 귀가 아프게 듣고 자랐죠."

그러나 그는 더 이상 이러한 말을 들을 수 없다. 그가 대학 1학년 때 갑자기 부모님이 세상을 뜨셨기 때문이다. 그의 대학생활은 고난의 연속이었지만 그는 결코 인상을 찌푸리지 않았다. 자기 자신에 대한 자신감이 있었고 주위 분들의 도움이 있었기 때문.

"특히 경제적 어려움을 극복하도록 도와준 주위 분들에게 보답하기 위해서는 돈도 벌고 사회에도 보탬을 줄 수 있는 일을 해야겠다고 마음먹었습니다."

그는 여러 가지 사업아이템을 찾아다니던 중 선진국에 비해 열악한 국내 보육환경을 접하고는 탁아사업에 뛰어들기로 작정했다.

● '안 된다'를 '된다'로

그는 먼저 보육사업이나 탁아사업과 관련된 국내·외 사례 및 서적을 샅샅이 뒤지고 다녔다. 그러나 국내에는 아이들의 나이에 맞춰 식단을 짜는 일, 예방접종을 시키는 방법, 교육프로그램 등 탁아사업에 가장 기본적으로 필요한 기반이 전무한 상태였다.

그래서 그는 국내에 있는 영양사, 의사, 대학교수 등 전문가 집단의 조언을 얻기 위해 사방팔방 뛰어다녔다. 당연히(?) 이들은 그를 '제정신이 아닌 사람'처럼 대했다. 그는 마치 아이들을 볼모로 돈이나 벌려는 사람으로 취급당하는 것이 가장 견디기 힘들었다고 회고한다.

"어떤 대학교수는 국내에는 그런 것을 연구하는 사람도 없고 당신이 알고자 하는 것을 가르쳐줄 사람도 없다며 저를 정신나간 사람처럼 대하기도 했죠."

6개월간 욕만 듣고 다녔다. 그런데도 그는 더욱 자신감이 생겼다.

"나름대로 이론적 지식을 터득한 상태에서 아무도 모르고 있고 하지도 않고 있는 일을 제대로만 한다면 내가 선구자가 될 수 있다는 생각이 들었죠."

그러던 중 미국에 살고 있던 누나가 우리 나라로 치면 창업 가이드와 같은 『비즈니스 스타트업』이란 책자를 구해줬다. 이 책에는 어린이집을 시작할 때 숟가락이 몇 개가 필요한지, 놀이방 규모는 어느 정도이어야 하는지 등 세세한 내용이 적혀있었다. 이 책은 그에게 마치 구세주의 손길과도 같았다.

● 아이들이 보여요!

어린이집을 개설하는 데 필요한 준비는 거의 됐다. 그러나 관련서적에 나와 있는 대로 부모와 보육시설 간의 신뢰도를 높일 수 있는 방법을 찾기는 여전히 힘들었다.

"미국 백악관의 보육담당 자문을 해주고 있는 제이 벨스키 박사의 연구에 의하면 시설에 자녀를 위탁하는 사람의 가장 큰 성향은 대인신뢰감이 좋고 사회성이 좋은 사람이라고 합니다. 그러나 국내 현실은 신뢰감 부족으로 인해 개인에게 자녀들의 탁아를 맡기는 것을 선호하고 있어 경제적으로도, 아이들에게도 좋지 않은 영향을 주고 있습니다."

따라서 그는 항상 부모가 안심하고 자녀를 맡길 수 있도록 하는 방법을 고민했다.

"자녀들의 뛰노는 모습을 그대로 보여주자. 그러면 부모들도 믿고 맡길 수 있을 것이라고 생각했죠."

그래서 그는 인천의 한 유선방송국을 찾아갔다. 유선방송을 통해 아이들의 모습을 보여주겠다는 생각에서였다. 그러나 역시 '정신나간 사람' 취급을 받고 쫓겨났다. 인터넷 쪽으로 관심을 돌려서 전문가들을 찾아다녔지만 반응은 여전히 냉랭했다.

컴퓨터를 익혀가며 우여곡절 끝에 카메라를 설치했지만 고민은 그치지 않았다. 교사들이 감시받고 있다고 느낄 수 있었고 부모들 역시 화면에 비친 장면만을 보고 자녀의 모습을 오해할 수 있지나 않을까 우려도 있었다. 그러나 진정한 신뢰는 서로 열려있는 가운데 가능하다는 생각에서 시스템 도입을 결정했다.

● 보육사업의 개척자

"색동원을 시작하면서 나름대로 자신감이 있었습니다. 어린이와 교사의 비율에서 시설, 프로그램 등 여러 면에서 다른 어린이집과도 충분히 경쟁할 수 있다는 판단이 섰죠."

그의 이러한 자신감에는 학교에서 전공한 경영학적 마인드가 크게 작용했다. 대부분의 어린이집에는 경영마인드가 없었기 때문이다.

"보육의 공급자가 교사라면 보육의 대상은 아이들이고, 소비자는 그들 부모입니다. 교사들 월급도 원장이 주는 것이 아니라 부모가 주는 것이죠. 물건을 팔아도 고객감동이 필요한데, 아이들 보육은 물건 파는 것보다 더 소중한 일입니다."

그는 수도권 11개 곳에 이러한 보육시설을 프랜차이즈로 설치하고 인터넷 중계를 확산시켜 나가고 있다. 또 부모들의 직장이나 가정을 방문해 프로그램과 네트워크를 직접 설치할 계획이다. 아울러 인터넷 홈페이지(www.kids.co.kr)를 통해 육아관련 정보도 제공하고 있다.

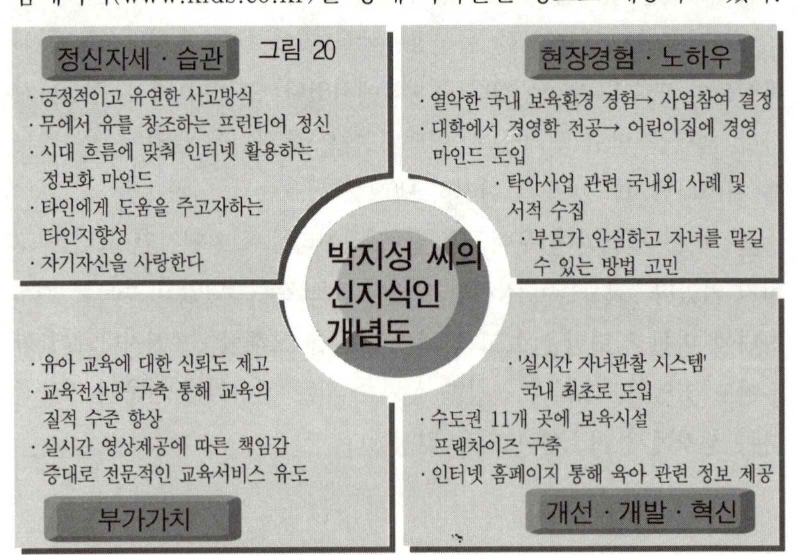

정보더미에서 진주 찾기
-주부 김영신

매일같이 가정에 쏟아지는 신문, 잡지, 각종 생활정보지……

이 모든 인쇄물은 대개 주부들의 손에 의해 며칠 지나고 나면 폐품으로 처리되고 만다. 그나마 쓰레기 분리수거 관계로 주부들에게는 처분하기 귀찮은 것들이기도 하다. 하지만 주부 김영신의 손에 들어가면 모두 귀중한 정보로 탈바꿈한다. 그녀는 언젠가 꼭 도움이 될 생활 속의 유용한 정보라고 확신하기 때문에 잘 다듬고 정리해 둔다.

예를 들어 주부들이 살림을 하다보면 종종 다른 사람의 손을 빌릴 필요가 있거나 자주 쓰지는 않지만 집들이, 돌잔치 같은 때 빌려쓰면 편리한 생활용품들이 있다. 그러나 막상 필요할 때 어디에 도움을 청할지 몰라 애를 태우는 경우가 많다.

또 봄가을, 결혼시즌이 돌아오면 결혼 정보들이 쏟아져 나오지만 그 때를 놓치면 정작 필요할 때 활용하기가 쉽지 않다. 김영신 씨는 이렇듯 작지만 소중한 정보를 적시에 활용하지 못하는 생활 속의 불편함을 덜어주고자 정보 도우미 역할을 하고 있다.

● 500여 권의 스크랩

"신문, 잡지, 방송 등은 모두 중요한 정보원이죠. 그렇지만 그 많은 매체들을 일일이 체크하는 건 현실적으로 어렵잖아요. 아까운 정보들을 그냥 흘려 보내지 않으려면 한 곳에 모아 공동으로 소유하고 그것들을 재활용할 수 있도록 하는 작업이 무엇보다 중요하다고 생각해 이 일을 시작하게 되었습니다."

이렇게 해서 PC통신에 무료로 생활정보를 제공하는 (주)한국생활 정보가 탄생하게 된 것이다.

김영신 씨의 이러한 변신에는 그녀만의 오랜 습관이 결정적인 기틀을 마련해 줬다. 그녀는 고등학교 때부터 생활에 도움된다 싶은 자료들을 모두 스크랩을 했다. 신문, 잡지, 방송은 물론이고 심지어 반상회보조차 필요하다 싶으면 가리지 않았다.

그녀가 정보를 공유해야겠다고 마음먹은 것은 1986년 초 결혼을 앞둔 시점이었다. 예비신부에게 필요한 정보를 꼼꼼히 모은 자료들이 다른 후배 신부들에게도 쏠쏠한 도움이 될 것이라는 판단에서다.

"누구나 일생에 한번은 겪어야 할 결혼을 앞두고 예비 신랑, 신부들은 현실적인 고민에 직면하게 됩니다. 준비할 것은 무궁무진한 것 같은데, 정작 필요한 것들을 목록으로 정리하기란 쉬운 일이 아니죠. 그래서 나의 이러한 시행착오를 다른 사람들이 겪지 않을 수 있는 방법을 모색한 거죠."

이러한 계기로 지난 1986년 신림동 전세방에 전화 한 대 달랑 놓고 한국생활정보은행을 설립했다. 전화를 통한 무료 상담을 시작한 것이다. 그 때부터 20년 이상 모은 스크랩이 500여 권, 색인으로는 17만 8000여 항목에 이른다. 김씨는 93년에 한국생활정보은행을 (주)한국생활정보로 법인 전환하게 된다.

● 주부 정보도우미

"20년도 넘게 신문을 한 부도 버리지 않고 각종 잡지와 기관에서 나오는 인쇄물까지 전부 챙겼습니다. TV까지 꼼꼼히 보면서 모니터

하구요."

이렇게 방대한 자료를 보유하다보니 보다 효율적으로 정보를 전달할 수 있는 방법이 필요했다. 1년의 준비기간 끝에 1997년 4월 PC통신을 통한 정보제공업무를 시작했다.

현재 그녀는 IMF시대를 맞아 빌리고, 고쳐 쓰고, 대여해 주는 곳들에 대한 정보와 알뜰 살림 지혜를 모은 생활정보를 하이텔에 개설한 생활정보도우미(Go Saving)를 통해 무료로 제공하고 있다.

또한 특별한 날에 부족한 일손을 해결할 수 있는 일손용역을 비롯해 물품대여, 맞춤쇼핑, 수선전문점 등 4개 분야에 걸쳐 550여 종의 방대한 생활정보를 전화번호와 함께 일목요연하게 제공해 주부들이 바쁜 일상생활에서 시간과 돈을 절약할 수 있는 '지혜'를 서비스한다. 예를 들어 옷에 얼룩이 묻었을 때 세탁소에 맡기지 않고도 간단하게 제거하는 방법, 행사 때 하루 입을 한복을 빌릴 수 있는 곳 등의 정보를 쉽게 얻을 수 있다.

● 맞춤정보 서비스

자신이 가지고 있는 정보를 좀 더 많은 사람들에게 전파하려고 노력하였으나 무료 상담이다 보니 재정적인 어려움이 너무 버거웠다.

한번은 자원봉사자들에게 줄 교통비 등 운영비가 없어 결혼 패물을 처분한 일도 있었다. 더군다나 최근에는 오락정보, 성인정보, 증권정보 등에 밀려 하루 PC통신 이용 횟수가 100여 건 정도에 머물고 있어 어려움이 적지 않다.

하지만 그녀는 '정보 서비스'라는 최초의 개념을 만든 장본인으로서 사회에 봉사하고 있다는 남다른 자부심을 지니고 있다. 또 결혼 초 '좋은 일을 하며 살자'는 남편과의 약속을 지키기 위해 이 사업을 더욱 열심히 하고 있다고 설명한다. 앞으로 생활정보 DB를 좀더 체계화하고 이용자들이 원하는 대로 가공해 정보 활용도를 높일 수 있는 '맞춤정보 서비스'를 실시할 계획이다.

"시대에 따라 정보의 종류와 전달방식은 달라질 수밖에 없다고 생각합니다. 그래서 각 분야의 전문가를 모시고 많은 사람들의 공감대를 모아 재미와 감동까지 안겨줄 수 있는 정보를 제공할 생각입니다."

김영신 씨는 삶을 풍요롭게 해주는 자료들을 모아 주부들이 언제 어디서든 필요한 정보를 재활용할 수 있도록 돕고 싶다는 포부를 잃지 않겠다고 다짐한다. 또한 다른 주부들도 이러한 정보 수집 습관을 가질 것을 권하고 있다. 평소에 메모나 스크랩을 통해 정보를 획득, 정리했다가 필요할 때 이러한 정보를 공급하는 가정의 '정보참모'로서 활약하기를 기대한다.

평범한 주부에서 출발해 생활 도우미가 되기까지 어려움도 많았지

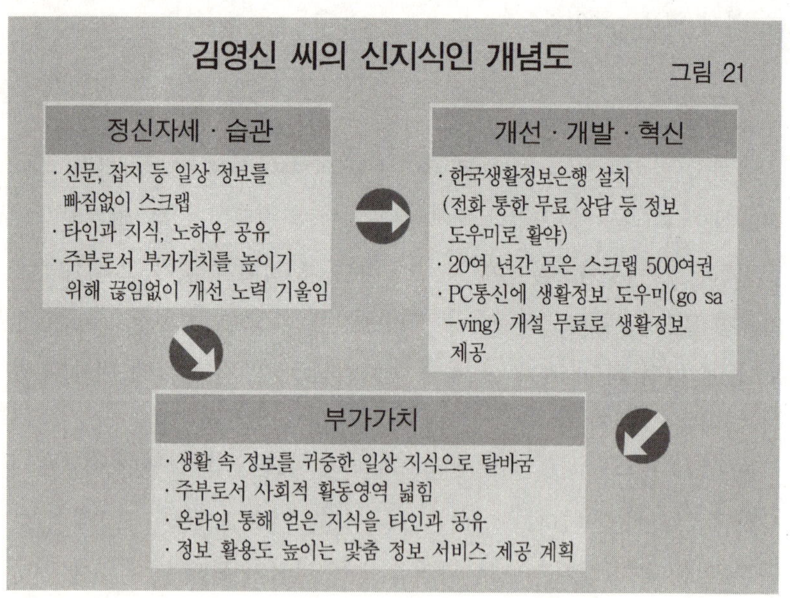

만 다른 사람에게 도움을 주는 삶을 살겠다는 신념으로 자신의 일을 묵묵히 해온 김영신 씨. '주부'라는 자신의 영역에서 많은 이들에게 유용한 정보를 제공함으로써 경제적·사회적 부가가치를 제공하고 있는 우리시대의 진정한 신지식 주부인 것이다.

만만한 게 택시운전?

-택시기사 이선주

'만만한 게 택시운전이라
고요?'

IMF 경제위기로 인해 많
은 실직자들이 서울지역 택
시회사로 몰리고 있다. 그러
나 택시를 모는 것이 생각만큼 간단하지 않다는 것이 택시기사들의
전언이다.

항상 막히는 도로와 복잡한 길, 장시간 옴짝달싹하지 못하는 근무
여건, 승객과의 마찰에서 오는 스트레스 등등 넘어야 할 산이 많다는
것이다. 그리고 택시들끼리의 경쟁이 심한 만큼 오랜 경험에서 나오
는 노하우가 아주 중요한 직업이기도 하다.

그런 측면에서 이선주 씨만큼 다른 기사들 특히 초보자들에게 도움
을 주는 택시기사는 없다. 뿐만 아니라 택시에 대해 항상 불평하는 승
객들에게도 그는 알토란 같은 정보를 제공하는 고마운 기사이다.

그는 택시기사로는 드물게 자신의 개인 인터넷 홈페이지를 갖고 있
다(http : www.//myhome.netsgo.com/taxi63). 벌써 7000여 명이
다녀간 그의 홈페이지는 '택시 잡기 어려운 시간대의 택시 타기', '택
시 승차요령', '택시운전 10년의 노하우를 전한다' 등 다양한 항목에
걸쳐 택시에 얽힌 많은 애기들이 담겨 있다.

택시운전 10년의 경험과 노하우를 인터넷이라는 첨단 도구를 통해
다른 사람과 공유하고 있는 것이다. 더구나 자신의 본업은 물론 관련
된 일까지 항상 개선·개발·혁신해 나가고 있다.

● **택시기사가 웬 웹사이트?**

그가 인터넷 홈페이지를 통해 자신의 경험과 노하우를 다른 사람과 공유하고자 결심하게 된 배경은 의외로 단순하다.

"택시운전을 하면서 수많은 시행착오를 겪으면서 내가 경험을 통해 습득한 문제 해결방법 즉, 노하우가 다른 사람에게 귀중한 정보가 될 수 있겠다는 생각을 문득 했습니다. 다른 사람에게서 인정받을 수 있는 정보를 보유하고 있다는 사실 자체가 공유를 결정하게 된 결정적 계기입니다."

그는 1997년 12월 자신의 힘으로 인터넷 홈페이지를 개설한 뒤 10년 동안의 택시운전 경험을 통해 터득한 노하우를 글로 올리기 시작했다. 게시판을 통해 다른 사람의 아이디어를 얻기도 하고 다른 사람과 컴퓨터 대화를 통해 새로운 내용을 계속해서 추가해 나갔다.

그의 홈페이지에 담긴 내용들은 다른 택시기사들, 특히 이제 막 택시를 시작한 기사들은 물론 택시를 이용하는 승객들에게 많은 도움이 된다.

택시를 몰면서 건강을 지키는 법과 술 취한 승객 다루는 법 등은 초보 기사들에게 꼭 필요한 노하우다. 독특한 택시 언어를 소개하는 항목에서는 다른 기사들이 무릎을 탁 친다. '굽은 다리', '가오리', '긴고랑', '리봉베가스' 등 지역 주민들만이 알고 있는 지명을 소개하고 있기 때문이다. 택시 타기 어려운 시간대에 택시를 잘 타는 법 등 택시 승차 요령 등은 승객들에게 도움이 된다.

아이디어 제안도 튄다. 택시 및 교통정책에 대한 제안 항목에는 번뜩이는 아이디어들이 많이 담겨있어 교통정책 입안자들에게 많은 도움을 주고 있다.

특히 서울시에 정식으로 건의한 택시기사 외국어 인증제도는 타당성이 인정돼 정책과제로 실현될 예정이다. 외국어 인증제는 시가 시행하는 일정 시험을 통과하면 해당 외국어를 구사할 수 있다는 표식을 차에 붙이고 호텔이나 공항 등에서 우선권을 부여하자는 것이다.

관광객들도 외국어에 능숙한 기사로부터 안내를 받아 편하게 돌아다닐 수 있고 기사들 역시 자신의 능력을 마음껏 발휘할 수 있는 것이어서 일석이조의 효과를 누릴 수 있다는 평가를 받은 것이다. 불친절의 이미지가 굳은 서울에서 친절과 외국어 실력으로 무장한 택시기사는 서울이 관광도시라는 이미지를 심는 데 큰 구실을 할 것이다.

이선주 씨는 그러한 웹사이트가 다른 직업으로도 확대되어야 한다고 보고 있다.

"옛날 고학을 하던 시절 주위에서 공무원이 되라는 권유가 많았지만 이를 철저히 외면했습니다. 돌이켜 생각하면 당시 공무원이 어떤 일을 하고 어떤 면에서 장점이 있다는 정보가 부족했던 것이 공무원을 택하지 않은 결정적인 이유였다고 생각합니다. 그리고 그것은 실수였습니다."

그는 자신이 공무원이었다면 지금보다 훨씬 더 사회를 바람직한 방향으로 이끌 수 있었을 것이라고 생각한다. 젊은 사람이 자신의 직업을 선택하는 데 이러한 홈페이지가 지침서 역할을 할 수 있어야 한다는 것이 그의 소신이다.

"노하우가 얼마나 빨리 전달되느냐의 여부가 선진국과 후진국을 가르는 기준일 것입니다. 보일러공 10년이면 자신의 홈페이지를 만들 수 있어야 하며, 아파트 관리사무소에서 10년을 근무하면 누가 봐도 아파트 관리에 참고할 수 있는 노하우를 인터넷에 실어야 합니다."

● 컴퓨터와 외국어는 기본

그가 인터넷 홈페이지를 스스로 제작해 지식의 공유를 실천할 수 있었던 데는 그의 컴퓨터 실력이 큰 몫을 했다.

그는 시골에서 상경해 16세 때부터 신문팔이, 막노동, 점원 등을 전전하면서 대입 검정고시까지 마친 고학생 출신이다. 서울에 올라와 11년 동안 이런 저런 일을 하다가 결국 정착한 것이 지금의 택시운전이다.

그가 택시기사를 천직으로 생각한 가장 큰 이유는 손님을 골목까지 모셨을 때 승객이 고마워하는 것에 대한 직업적 매력 때문이었다. 또 승객들과의 대화를 통해 새로운 정보를 많이 듣는데 그것을 기록으로 남기기 위해서는 PC가 가장 좋은 수단이라고 생각했다.

때문에 무조건 PC를 구입했고 스스로 익혀나가기 시작했다. 우선 일기를 쓰기 시작했다. 그리고 당시 처음 소개되기 시작한 PC통신에 가입해 다른 사람과의 토론에 몰두했다.

"PC통신을 하면서 현실 세계와는 다른 사이버 세상이 있다는 것을 알았습니다."

결국 그는 차에 관심을 가진 사람들을 중심으로 달구지라는 PC통신 동호회까지 만들었다. 여기서도 그는 택시기사로서 전문성을 발휘해 동호회원들에게 차 고장에 대한 대응법 등 자동차에 관련된 많은 내용을 글로 올려 호평을 받았다.

이처럼 오랫동안 갈고 닦은 컴퓨터 실력을 통해 현재 인터넷 홈페이지를 스스로 만들어 운영하고 있는 것이다. 또한 보다 많은 사람들이 이용할 수 있도록 리얼 비디오 등 계속해서 새로운 첨단기법을 도입하고 있다.

외국어 실력도 택시기사들의 모범이 된다. 그는 택시기사로서 외국인 관광객을 많이 접촉하기 때문에 기본적인 대화가 가능할 정도의 영어 실력은 필수적이라고 생각했다. 방법은 하나밖에 없었다. 별도의 시간과 비용을 투입하는 방법뿐. 결국 6개월간 개인 가정교육을 받는 노력을 기울인 끝에 현재 택시기사로서 활용하기에는 불편함이 없을 정도의 영어실력을 갖추고 있다.

그는 여기에 만족하지 않는다. 올해는 일본어를 공부하는 해로 정하고 일어 공부에 열심이다. 요즘 최신 교재로 등장한 CD롬 타이틀을 구입해 놓고 쉬는 날 틈틈이 컴퓨터를 이용해 일어와 씨름을 벌이고 있다.

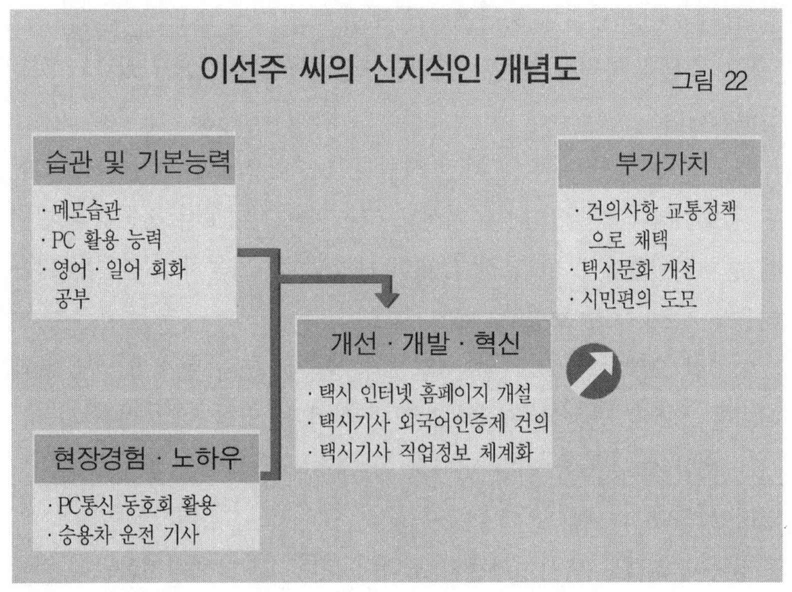

집배원의 대동여지도

–여의도우체국 집배원

장형현

미국의 시사주간지 '비즈니 스위크'지는 오늘날 전세계의 주목을 받고 있는 실리콘밸리 의 성공비결 중 하나로 '실패를 두려워하지 않는 문화'를 꼽았다. 수많은 시행착오와 실패를 거치면서 축적된 지식의 결과가 오늘의 실리콘 밸리를 만들어냈다는 얘기다.

새로운 밀레니엄을 맞는 우리들이 지식축적 과정에서 갖춰야할 기본적인 요소는 알량한 자존심을 버리고 어렵거나 모른다고 절대 포기하지 않는 것이다.

서울 여의도우체국 집배원 장형현 씨는 바로 이러한 방법을 통해 학교가 아닌 곳에서 자신에게 필요한 지식을 습득하고 이를 통해 자신의 일하는 방법을 개선·혁신시킨 장본인이다. 집배원이라는 지극히 평범한 직업을 가진 그가 '집배영상정밀도'를 제작하는 데 컴퓨터를 활용하기까지 학교로부터의 도움은 전혀 없었다. 오히려 창피함을 무릅쓰고 자신보다 컴퓨터에 대해 더 많이 알고 있던 주변 사람들에게 끈기 있게 물어보며 지식을 습득한 그 자신이 바로 훌륭한 교사요, 학생인 셈이다.

장형현 씨가 몸소 체득한 지식습득론이다.

"모르는 것은 자존심을 버리고 끈기있게 물어본다. 모르기 때문에 배우는 것이다. 모르는 것을 그냥 넘어가면 영원히 모르게 된다."

● 배달이 천직

반백의 나이를 이미 넘어선 집배원 장형현 씨는 25년간의 집배원 생활 외에 또 다른 배달 이력(履歷)을 지니고 있다. 가난 때문에 중학교에 합격하고도 학업을 포기한 그가 서울로 무작정 상경해서 처음 시작한 일은 다름 아닌 신문배달이었다.

그러나 할당된 배달량을 다 채우지 못하는 경우가 자꾸 늘면서 장씨는 배달량을 늘리는 묘책을 궁리했다. 배달을 권유하는 내용의 일종의 광고안내문(일명 찌라시)이 그 것이다.

물론 요즘에는 지하철이나 시내버스에서 간혹 눈에 띄는 광경이지만, 30여 년 전에는 굉장한 아이디어였다. 당연히 반응도 좋아서 10부의 안내문을 뿌리면 7부 정도는 구독신청으로 이어졌다. 그는 여기서 멈추지 않고 다른 배달원들에게도 이 방식을 권유했다.

집배원에 대한 동경심이 생긴 시절도 바로 그 때쯤이라고 장씨는 설명한다.

"추운 겨울에 털모자를 쓰고 우편물을 배달하는 집배원이 부러웠다. 신문보다 더 반가운 편지를 전하면 얼마나 좋을까."

그러던 그에게도 기회가 왔다. 이웃집 아저씨가 임시직 집배원 자리를 알선해 준 것. 그는 처음에 우체국의 발착계로 발령 받았지만 집배원 일을 강력히 고집해 지금까지 집배원을 천직으로 삼고 있다.

● 집배원의 '대동여지도'

장씨의 집배원 생활은 처음부터 난관에 봉착했다. 그가 배정받은 신길동 지역은 말 그대로 좁다란 골목길이 이리저리 얽히고 섥혀 있는데다 집들도 다닥다닥 붙어있는 난코스 지역이었다. 게다가 집배원을 시작하려면 통상 한 달 정도 받아야 하는 교육을 그는 제대로 받지도 못했다. 당시 선임자가 보름만에 다른 지역에 배치됐기 때문이다.

"처음에는 난감했죠. 지금처럼 지도가 있기를 하나요, 번지수나 제대로 맞나요."

그는 근무가 없는 일요일만 되면 자신이 배달을 맡은 지역의 골목길을 누비고 다녔다. 물론 그의 손에는 연필 한 자루와 도화지 여러 장이 쥐어져 있었다. 머리로 골목길과 번지수를 일일이 기억하는 것보다는 지도를 그리는 것이 훨씬 낫겠다는 생각에서다.

그는 4~5개월간 자신의 배달지역을 코스별로 나눠 지도를 작성했다. 이렇게 해서 완성된 16장의 지도를 하나로 연결시켜 한 장의 커다란 지도로 만들어냈다. 김정호가 한 장의 대동여지도를 만들기 위해 3000리 방방곡곡을 누빈 것과 같이 장씨는 신길동 지역을 샅샅이 뒤진 것이다.

● 컴퓨터전문가로 거듭나기

장씨의 신길동 연립주택에는 2대의 컴퓨터와 프린터, 스캐너, 그리고 컴퓨터 관련서적들이 자그마한 방을 가득 채우고 있다. 장씨가 컴퓨터와 인연을 맺게 된 것은 1992년 아들의 중학교 입학선물로 컴퓨터를 구입하면서부터다.

"컴퓨터를 다루는 아들의 모습을 보면서 예전에 연필로 그려 놓은 지도를 컴퓨터로 만들면 훨씬 깨끗하지 않을까 생각했죠."

맨 먼저 배운 것이 도스용 워드프로세서였다. 마음은 벌써 간단한 약도를 만들고 있었지만 막상 접해본 컴퓨터는 뜻대로 움직여주지 않았다. 그래서 그는 평소 안면이 있는 중학교 전산담당 교사를 쫓아다니면서 컴퓨터를 하나하나 배워나갔다. 또 간단한 작업은 아들에게도 물었다.

그 후 컴퓨터 운영체계가 윈도로 바뀌면서 그림판을 활용해 본격적으로 지도를 제작해야겠다는 의욕이 생겨났다. 이웃집 대학생에게 적당한 프로그램을 물어서 구입하고는 매뉴얼을 이해하기 위해 영어사전을 닳도록 뒤졌다. 컴퓨터가 제대로 작동이 안되기라도 하면 용산 전자상가로 달려갔다. "처음에는 노인네가 망령이 들었다는 소리도 많이 들었죠. 그러나 집배원으로 일하면서 처음에 마음먹었던 일을 이뤄내고야 말겠다는 생각에 결코 포기할 수 없었다."고 그는 말한다.

● 하찮은 것도 보물이 된다

장씨는 길거리의 광고나 TV광고 하나도 가벼이 여기지 않는다. 자신의 그래픽 작업에 도움이 되기 때문이다. 그는 광고에서 얻은 힌트를 토대로 직접 홍보팜플렛과 계약안내문 등을 제작·배포해 혼자서 10억 원이 넘는 체신보험을 유치하기도 했다.

그는 또 반드시 프린터를 갖춰야 한다고 강조한다.

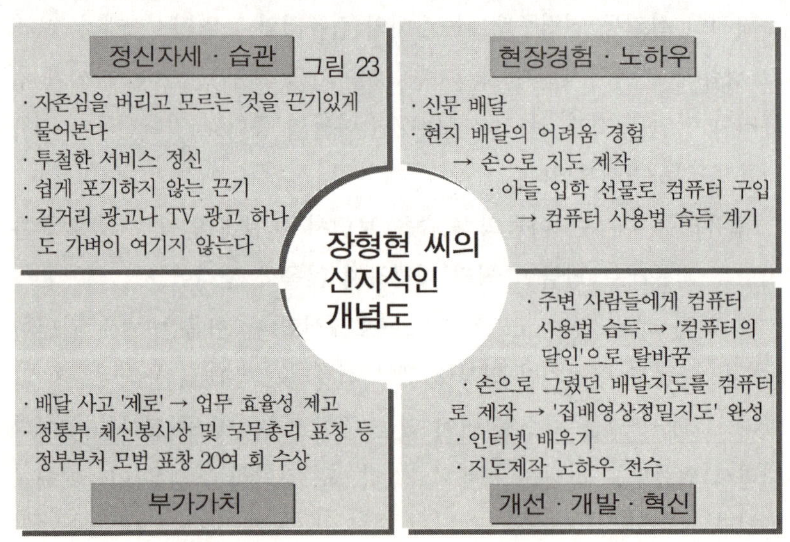

"이것저것 닥치는 대로 출력하다 보면 종이가 쌓인다. 이 종이가 처음에는 쓰레기에 불과하겠지만 시간이 지날수록 값진 보물로 바뀐다."

장씨의 대민 서비스도 남다르다. 우편물을 받을 수취인이 집에 없으면 우편물 도착통지서에 자신의 핸드폰 번호를 남겨두고 연락이 오면 밤늦게라도 우편물을 갖다준다. 장씨에게 이제껏 배달사고가 없었던 비결 중 하나다.

그는 요즘도 집배영상정밀도를 직접 보러 찾아오는 사람이나 관내 지도를 만들어서 문의해 오는 지방 우체국 사람들에게 노하우를 가르쳐주느라 바쁜 나날을 보내고 있다. 또 올해 안에 개인 홈페이지를 만들기 위해 인터넷 배우기에 여념이 없다.

물론 그가 만든 지도는 김정호의 대동여지도에 비할 바가 못될 것이다. 그러나 지도를 만들게 된 동기와 지도제작으로 얻어진 가치는 크게 다르지 않을 것이다.

머리로 던져라
-LG트윈스 투수코치 정삼흠

8개 프로야구 구단 중 최약체의 투수진이라는 평을 들으면서도 최근 2년간 한국시리즈에서 두 번이나 준우승한 프로야구팀 LG트윈스.

서울 연고의 LG트윈스가 지난 1997년과 1998년 두 차례 좋은 성적을 거둘 수 있었던 데는 컴퓨터를 통한 '데이터 야구'로 약체라는 평가를 받던 투수진을 최고로 만들었던 정삼흠 투수코치의 역할이 컸다.

그는 일선 투수시절부터 '컴퓨터 두뇌피칭'이라는 별칭을 들을 정도로 데이터를 기반으로 한 과학적 투구로 프로야구 사상 6번째 100승 달성이라는 성과를 올리기도 했다.

그는 선수시절 뿐만 아니라 투수코치로서 지도자의 길을 걸으면서도 과거의 경험을 바탕으로 선수들에게 두뇌피칭의 방법을 심어주면서 팀을 정상급으로 끌어올렸다.

12년간의 프로야구 선수생활과 최근 3년째 걷고 있는 코치생활을 통해 그는 운동선수로서 신지식인 면모를 유감없이 발휘하고 있다.

● 메모를 데이터로

정삼흠 코치는 나름대로 과학적인 야구관을 갖고 있다.

"야구는 데이터의 운동입니다. 어떤 타자가 특정한 코스의 공을 잘 때린다면 그러한 상태가 별로 바뀌지 않는 속성을 갖고 있습니다. 따라서 타자가 안타를 친 코스나 좋아하는 코스 등의 데이터를 활용하면 그 반대로 공을 던짐으로써 아웃 가능성을 높일 수 있습니다.”

그는 1985년 선수로 입단해 투수생활을 시작할 때부터 다른 팀 타자들의 특성을 노트에 메모하기 시작했다. 보통 다른 투수들이 그날 그날의 감각에 의존하던 프로야구 초창기 시절이었지만 정 코치는 오랜 경험을 통해 야구는 데이터의 운동이라는 점을 인식하고 상대 타자의 기록에 남다른 애착을 보였다.

프로야구 투수들은 한번 던지면 4~5일을 쉬게 되는데 정 코치는 자신이 등판하지 않는 날 덕아웃 벤치에서 경기를 지켜보면서 다른 팀 타자들의 특성을 꼼꼼히 메모한 것이다.

그의 노력은 경기력에서 투수가 차지하는 비중이 큰 야구의 속성상 큰 몫을 했다. 남승창 LG트윈스 홍보과장은 “야구에서 투수가 차지하는 비중은 거의 80%에 달하며 이 때문에 야구는 투수놀음이라는 우스개 소리도 있다”고 설명한다.

그는 다른 일류급 투수들처럼 강한 어깨를 바탕으로 강속구를 던지는 능력이 부족했지만 메모를 통한 데이터 야구로 해마다 평균 9승을 올리는 팀의 간판 투수로 활약할 수 있었다.

그렇게 개인적으로 데이터 야구를 실행하고 있던 중 1992년에 팀 차원에서 첨단 야구정보시스템 ‘히트(HIT)’를 도입하면서 그의 컴퓨터 두뇌피칭은 급성장하기 시작했다. 과거의 경험과 신념을 바탕으로 다른 선수들보다 이 시스템을 빨리 활용하면서 상대 타자들을 요리해 나갔던 것이다.

그의 노력은 여기서 그치지 않았다. 1995년에는 스스로 노트북PC를 구입해 구단 소유의 히트 프로그램을 다운받아 직접 사용하기 시작했다. 경기가 끝난 다음에 숙소에서 다음날 상대팀의 타자들을 분석하거나 현장에서 다른 투수의 경기를 분석할 때도 노트북은 항상 그를 따라 다녔다.

프로야구 선수들은 원정 야간경기가 많기 때문에 경기장에 나가는 오후 4시까지는 하루 종일 자유시간이나 마찬가지다. 다른 선수들이 대부분 신문을 보거나 낮잠을 자면서 시간을 때우는 데 비해 그는 노트북을 활용해 상대팀 선수들을 분석하고 PC통신으로 다양한 정보를 수집하면서 경기력 향상을 도모했다.

"무료하다고 해서 낮잠을 잘 경우 오히려 생체리듬을 잃어 야간의 경기력이 저하됩니다. 노트북을 이용할 경우 경기에 대비할 수 있는 것은 물론 시간을 알차게 보낼 수 있습니다."

● 머리로 던져라

은퇴 후 1997년부터 투수코치로 활약하면서 그의 진가는 개인 차원을 넘어 팀 차원으로 발휘되기 시작했다.

우선 자신만의 두뇌피칭 비결을 모든 투수들에게 전파하는 데 노력을 기울였다. 특히 기존 시스템인 '히트2'를 개선·개발해 보다 높은 효과를 낼 수 있도록 했다. 그는 문자나 부호를 통한 기록에 의존하던 시스템에 비디오 화면을 기반으로 하는 동작분석기 개념을 도입하자는 아이디어를 구단에 제시했다. 두 개의 투구동작을 동시에 한 화면에서 볼 수 있도록 함으로써 과거의 투구 폼과 현재를 비교할 수 있는 장치를 마련하는 데 결정적인 역할을 했다.

또한 노트북PC 활용 경험을 살려 후배 선수들도 PC를 이용해 다음 경기에 대비할 수 있도록 가르치고 이끌었다. 덕분에 지금은 원정 경기를 앞두고 자유시간에 노트북PC를 이용하는 선수들을 LG구단에서는 어렵지 않게 볼 수 있다.

그러한 노력은 PC를 이용해 상대팀 선수를 분석하는 것 뿐만 아니

라 시간을 보다 효율적으로 활용하게 함으로써 결국 경기력을 향상시
키는 구실을 했다. 그 뿐만이 아니다. 선수들을 실어 나르는 버스에
일찌감치 비디오 화면이 설치된 것이나 경기 전 미팅 수를 줄임으로
써 선수들의 스트레스를 줄이는 등의 자그마한 아이디어도 모두 정
코치의 머리 속에서 나왔다.

현재 2명의 투수코치와 야구 기록원간에 이뤄지고 있는 경기 중 무
선대화 시스템도 정 코치의 아이디어다. 그는 아무리 기록원이더라도
덕아웃과 불펜에 있는 투수코치들의 시각과 다르게 분석할 수 있기
때문에 3자가 항상 무전기를 사용해 대화하면서 경기내용을 기록하고
분석함으로써 오차를 줄이도록 한 것이다.

● 도루를 저지하라

선수 시절부터 상대팀의 도루를 줄이기 위해 투구동작 속도를 빠르
게 한 것도 그의 기지였다. 투수가 투구동작에 들어가 공이 포수의 미
트 속에 들어갈 때까지 걸리는 시간은 보통 1.3초. 발빠른 주자가 1

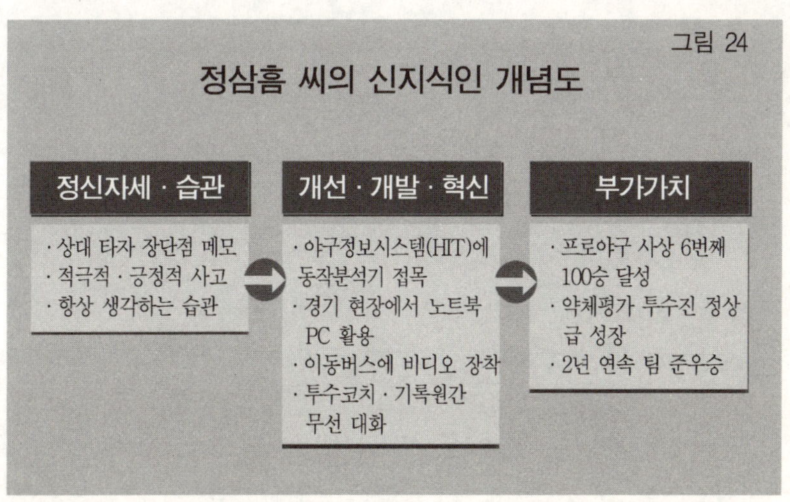

루에서 2루로 달려가는데 걸리는 시간은 3.3초이다. 따라서 도루하는 주자를 잡기 위해서는 포수가 2초만에 공을 2루로 던져야 하는데 쉽지 않은 일이다.

정 코치는 그래서 자신의 투구동작을 빠르게 함으로써 공이 포수에 도달하는 시간을 거의 1.0초까지 줄였다. 그만큼 도루를 막을 수 있는 팀의 능력이 커진 것이다.

그는 프로선수는 자신의 몸이 하나의 기업과 같은 것이라는 생각을 갖고 있다. 자신의 가치를 실현하기 위해서는 기업과 마찬가지로 자신을 잘 경영해야 한다는 것이다. 그는 기업가 정신 즉, 주인정신을 갖고 자신을 개선·개발·혁신해 나가는 것이 중요하다는 사실을 잘 알고 제대로 실천해 나가고 있다.

LG트윈스는 올해에도 약체라는 평가를 받는 신인투수들을 이끌면서도 매직리그 선두권을 달리고 있다. 모두 정 코치의 두뇌피칭이 빚어낸 결과라는 것이 전문가들의 평이다.

장미공장 공장장
-장미 재배농민 홍도헌

흔히들 21세기는 전문 농업인의 시대가 될 것이라고 말한다.

농민도 경영마인드로 무장하고 최첨단 기술을 도입해 끊임없이 품질 혁신을 이뤄나가는 선진 영농을 실천해야 경쟁에서 살아남을 수 있을 것이라는 의미에서 붙여진 말이다.

그런 측면에서 경상북도 군위군에서 장미를 재배하고 있는 홍도헌 씨(49)는 21세기를 착실하게 준비하고 있는 신지식 농민으로 손색이 없다.

그는 소규모로 화훼영농을 하던 지난 1997년 7월 뜻을 같이하는 다섯 농가와 함께 '이우농산'이라는 화훼영농조합법인을 설립하면서 본격적으로 대규모 영농에 참여했다. 그 후 곧바로 IMF 한파가 불어 닥치면서 큰 위기에 봉착했다. 그러나 홍씨는 3개월 동안 1억 5000여만 원이라는 실적을 올릴 정도로 성공을 거뒀다.

그의 이런 성과는 어떻게 가능했을까. 그의 성공과정을 보면 사람들이 홍도헌 씨를 신지식인으로 꼽는 이유를 분명히 할 수 있다.

● 장미공장 공장장

이우농산의 규모와 설비를 보면 농장이 아니라 하나의 첨단 과학단지와 같은 느낌을 갖게 된다. 이우농산의 부지는 1만 1500여 평. 건물과 하우스 시설만도 9700여 평에 달한다.

유리온실과 비닐온실은 기본이고 유사시를 대비해 관정과 비상발전기 등의 첨단설비를 갖추고 있다. 저온 저장고와 집하장 등도 있다. 거의 공장 수준이다. 또한 농장의 화훼 생육관리 전과정은 컴퓨터를 이용한 자동화시스템으로 관리된다.

재배방법도 웬만한 국내 농장에서는 엄두도 내지 못할 정도로 첨단을 달리고 있다. 장미가 자랄 수 있는 최적의 환경을 컴퓨터로 자동관리할 수 있는 양액재배(토양재배가 아닌 인공토에서 배양액으로 재배하는 방법)를 실시하고 있는 것.

홍도헌 씨는 이 분야에서 세계적인 업체인 이스라엘 네타핌사의 프로그램을 활용하고 있다. 이 방식은 장미가 필요로 하는 양분을 분석해 10여 가지의 성분을 적절히 배합 공급하는 재배방식이다. 세계시장 어느 곳에 내놓아도 품질에서 뒤지지 않는 최상급의 장미를 만들어 내는 핵심요소인 셈이다.

● 일본 시장을 공략하라

올해 이곳에서 얻게 될 수입만 13억 원에 달할 것이란 전망이다. 설립된 지 얼마 안 된 이우농산이 이렇게 빨리 자리를 잡은 것은 '신시장 개척'이라는 경영 마인드를 몸소 실천한 홍도헌 씨의 노력 덕분이다.

"첫 출하시기에 IMF사태를 맞아 처음에는 무척 당황했습니다. 그러나 노력하면 반드시 길이 있을 것이라는 확신을 갖고 침체된 내수시장을 대체할 수 있는 새로운 시장을 찾기 위해 뛰다가 일본 수출을 생각하게 되었습니다."

홍도헌 씨가 낯선 일본시장을 두려움 없이 공략해 나갈 수 있었던데는 그의 인터넷 활용 능력이 큰 구실을 했다.

"평소 온실의 자동관리시스템 운영과 폭주하는 농장 업무를 제대로

소화해 내기 위해 컴퓨터를 배우는 것이 필수적이라고 생각했죠. 시간이 나는 대로 틈틈이 책으로 공부를 했던 것이 결정적인 도움이 됐습니다."

그는 인터넷을 통해 대일 수출을 위한 시장조사를 수행하면서 일본의 4대 경매시장에서 2년간 거래된 장미가격을 그래프로 그려 가격흐름의 변화를 파악했다.

이러한 기본 지식을 바탕으로 그는 일본에서도 신뢰도를 인정받고 있는 무역회사와 수출계약을 체결함으로써 국내 판매가격보다 2~3배 높은 가격을 받을 수 있었다. 과학적인 데이터를 토대로 분석하고 연구하는 노력을 게을리 하지 않은 덕분이었다.

그는 또한 수출시장에서 '이우농산'이라는 이름을 전략적으로 브랜드로 키우는 노력을 기울였다. 제품에 관한 한 철저한 품질관리를 병행함으로써 브랜드 인지도가 높아졌고 결국 남들보다 훨씬 높은 가격으로 장미를 판매하는 밑거름이 됐다.

홍도헌 씨의 노력은 여기서 그치지 않았다. 선진기술 습득을 위해 농업기술원 및 전국의 장미재배 농가를 수시로 방문해 상호 기술교류를 추진했다. 또한 과학적인 방식으로 양액재배에 사용되는 액체를 한 달에 한 번씩 정밀 분석하여 절대요소와 미량요소를 산정하는 등 재배관리에도 만전을 기했다.

● 적극적인 정보화와 지식 공유

홍도헌 씨의 노력은 첨단시설 구축과 새로운 재배방식의 도입에만 그친 것은 아니다. 그는 다른 재배농가에서 습득한 정보나 자료를 같은 화훼농사에 종사하는 농민들과 교류하는 데도 적극적이다. 이제 이들은 과거처럼 경쟁자가 아니라 해외시장을 같이 개척하는 동료이기 때문이다. 홍도헌 씨는 이런 여유와 자신감에 대해 "첨단영농과 정보화를 통해서 시장을 해외로 넓히면서 기반을 단단히 닦았기 때문"이라고 설명한다.

이런 점에서 그는 이제 어느 곳보다 정보화가 필요한 곳이 농업 분야라고 강조한다. 그는 "정보화가 농민소득 향상의 관건이 되는 것은 물론 좋은 유통망을 개발하는데도 대안이 될 수 있다"며 "PC통신이나 인터넷을 통한 직거래는 중간유통상에게 뺏기는 폭리를 방지할 수 있는 좋은 수단"이라고 강조한다. 이우농산은 조만간 인터넷 홈페이지를 개설해 홍보를 강화하고 직접 유통에도 손을 댈 예정이다.

● 끊임없는 기술개발과 시장개척

1984년부터 장미재배를 해온 홍씨는 전국의 장미재배 농가와 일본 장미농가 및 기술연구소 등을 둘러보며 신기술 터득을 위해 온갖 노력을 기울였다. 1996년 화훼유통지원사업의 일환에 힘입어 1997년 10월 4300여 평의 최첨단 유리온실 시설을 만들어 지난해 10월 첫

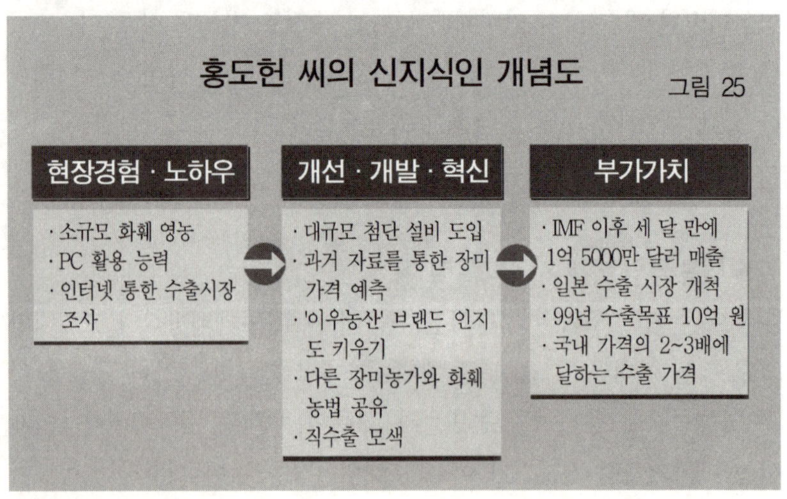

수확을 거둔 것이다.

홍씨가 기대하는 금년 수출목표는 10억 원 정도. 홍씨는 또 하나의 문제에 도전하고 있다. 수출에 있어 중간 무역회사를 거치지 않고 바로 직수출하는 방법을 모색하고 있는 것. 다시 말해 무역회사를 설립하겠다는 것이다. 이러한 방식으로 수출할 경우 매출액의 20~30%에 달하는 이윤을 올릴 수 있을 것으로 그는 내다보고 있다.

일본의 40여 개 지역에 팔리고 있는 이우농산의 장미는 화훼 수출시장에서 이제 하나의 브랜드로 알려지고 있다. 이를 유지·발전시켜 더 많은 시장 개척을 위해서는 철저한 품질관리와 마케팅에 힘을 기울여야 한다고 홍씨는 강조한다. 금년에는 화훼의 최선진국인 네덜란드에 가서 신기술을 터득·체험했으면 하는 바람도 갖고 있다.

"21세기는 전문적인 프로 농업인을 요구하고 있습니다"

월드 베스트에 도전한다

아스팔트 위의 도로박사
—한국도로공사 과장 박종식

"한국에는 중간기술자가 너무 없습니다." 박종식 한국도로공사 도로정비과장이 처음부터 느닷없이 던진 말이다. 한국에는 반도체를 제조하는 고급기술자나 땜쟁이와 같은 단순기술자는 많이 있어도 회로 도면을 분석하고 현장지식을 업무에 적용할 중간기술자는 턱없이 부족하다고 강조한다.

박 과장은 바로 그가 말하는 몇 안 되는 '중간기술자' 중 한 사람이다. 반도체나 생명공학을 다루는 고급두뇌는 아니지만 한국도로공사에서 몸담으면서 조직이 꼭 필요로 하는 업무를 수없이 개선, 혁신시킨 장본인이다.

그가 설계한 '한국형 모래살포기'나 '제설기'가 대표적인 예이다. 사내의 어느 누구도 바로잡지 못한 장비 결함들을 개선해 높은 부가가치를 올렸다는 게 주위의 평가다.

'정비 분야의 1인자로서 각종 유지보수 장비의 구조 개선과 연구 개발을 주도한 사람'이라는 동료들의 평가를 받고 있는 박 과장은 어떠한 일을 해냈을까.

● 어머니에게 물려받은 손기술

"초등학교 5~6학년 때부터 학교 선생님들의 라디오를 직접 만들어 드리곤 했죠. 웬만한 기계는 분해하고 조립하는 데 자신이 있었어요."

박 과장은 어릴 때부터 전기와 기계 분야에 뛰어난 재능을 발휘했다고 한다. 이는 어머니의 영향이 절대적이었다. 어머니는 일제시대에 공주사범을 나오신 그 당시 신여성으로 일본서적을 사다가 전기 관련 기술을 독학하셨다고 한다.

박 과장은 어머니의 교육과 함께 물려받은 책을 가지고 혼자 공부하면서 전기, 기계 기술을 습득했다. 중·고등학교에 진학해서도『무선과 실험』,『무선과학』등의 서적을 독파한 그는 음악과 방송매체에 매력을 느껴 한양대 신방과에 입학한다.

하지만 상아탑의 낭만과 배움의 기쁨을 미처 누리기도 전에 아버지의 사업이 실패하자 학업을 포기하고 '생활전선'에 뛰어들어야 했다. 군에서 운전병으로 복무한 뒤에 한국도로공사의 제1기 공채시험에 응시, 1973년에 고속도로 안전관리 요원으로 근무를 시작했다.

● 마오리족의 경험지식

한국도로공사는 고속도로 유지·관리와 건설사업을 담당해야 하는 회사 특성상 국내 최초로 도입한 고가(高價) 장비가 많다.

눈이 쌓인 도로에 염화칼슘과 모래를 뿌리는 '모래살포기'도 그 중 하나. 그런데 이 장비를 현장에 투입하다보니 문제점이 발생했다. 호퍼(모래 싣는 통)의 모래를 노면(路面)에 떨어뜨리는 이송(移送)장치인 컨베이어벨트가 옆으로 미끄러지거나 벗겨지는 현상이 자주 일어나 차를 세우고 벨트를 점검해야 하는 불편함이 따랐던 것이다.

다른 기업체들은 접하기 힘든 장비였고 도로공사 안에도 이를 개선할만한 인력이 마땅치 않아 이러한 문제점이 한동안 개선되지 못했다. 박 과장도 현장에서 장비과장으로 근무하면서 이러한 문제점을 파악하고 있었는데 이를 해결할만한 실마리를 추후에 얻게 됐다. 본사 발령 후 해외 연수차 간 뉴질랜드의 민속촌에서였다.

"민속촌에는 마오리족들이 큰 돌과 같은 무거운 구조물을 옮기는 장면이 모형으로 재연되어 있었습니다. 그 때 돌 밑에 받혀진 나무토막의 모양을 보고서 아이디어가 순간적으로 떠올랐습니다."

아이디어는 의외로 간단했다. 돌이 나무토막 받침대를 벗어나려고 하면 평행하게 놓았던 나무토막을 약간 비스듬하게 움직였던 것이다. 이렇게 하면 돌은 원래 위치를 찾아 가운데에 놓이게 된다.

이 때의 아이디어를 잘 메모해 둔 박 과장은 4년 전에 수원 중부정비사업소의 정비과장으로 발령받으면서 실전에 적용했다.

모래살포기에 무동력으로 움직이는 센싱 로울러를 장착해 벨트가 한쪽으로 비켜나가려고 하면 비스듬하게 움직여 벨트를 바로 잡아줄 수 있도록 설계했다. 일명 '벨트사행 방지장치'를 자체 개발하는 데 성공한 것이었다.

● 기계, 전자부문 지식 섭렵

'한국형 모래살포기'는 수많은 개선 실적 중 한가지에 불과했다. 박 과장은 '한국형 제설기'도 설계·제작해냈다. 노면잡물 수거장치를 개발하고 도로청소차의 구조도 개선했다. 또 노면절삭기의 문제점을 해결하는 등 많은 장비의 구조적 결함을 해결해 예산절감에 크게 기여했다.

"외국에 비해 한국은 눈이 쌓인 고속도로를 제대로 치우지 않으면 항의가 금방 들어옵니다. 15년 전 해외에 제설기를 발주, 계약하는 일부터 시작해 국내 도로 사정에 맞게 재설계하고 제작하는 일을 거의 도맡았습니다."

이러한 성과를 거둘 수 있었던 것은 전문지식 습득을 위해 남보다 몇 곱절 노력한 결과였다. 모래살포기 개선작업을 추진할 때는 컨베이어공학 서적과 씨름했고 기계공학, 전자공학 서적도 수없이 읽었다. 『기계설계편람』은 항상 바이블처럼 끼고 다닌다. 그는 현재도 기계·전기·전자와 관련한 최신 전문서적을 접하면서 새로운 지식을 수혈하는 데 열을 올리고 있다.

박 과장은 아날로그 회로에 관해서라면 증폭기, 앰프를 비롯해 어느 것이든 설계할 수 있다고 한다. 또한 전자 분야의 지식에 강한 면모를 보이고 있는 것도 강점이다. 예를 들어 모래살포기에도 전자부품이 30%나 들어가기 때문에 전자에 대한 지식 없이는 장비 개선작업을 제대로 해낼 수 없다. 여타 장비 기술자들이 기계부문의 지식만 보유하고 있는 것과는 대비된다.

● 중간기술자를 키우자

정년을 2년 정도 앞둔 박 과장은 요새 후배를 육성하는 일에 관심을 갖고 있다. 조직 내에 자기와 같은 '중간기술자'가 많아야 한다는 소신 때문이다.

매주 수요일을 '열린 대화의 날'로 정해 전기·전자 부문의 전문지식과 노하우를 후배들에게 전수하고 있다. 그는 업무에 필요한 정보나 중요한 아이디어를 포착할 때면 언제 어디서나 메모하고 정리하는 것을 생활화하고 있다.

한편 전국 곳곳을 돌아다니며 도로 사정과 위치를 파악하고 자료를 수집하는 등의 연구 노력을 기울이다보니 '도로박사'라는 별명도 얻게 됐다. 투철한 직업의식과 개선·개발 노력으로 현장의 중심을 지키고 있는 박종식 과장은 눈앞에 두고 있는 은퇴를 동료들이 진정으로 아쉬워할 정도로 도로공사가 원하는 '최고의 중간기술자'이다.

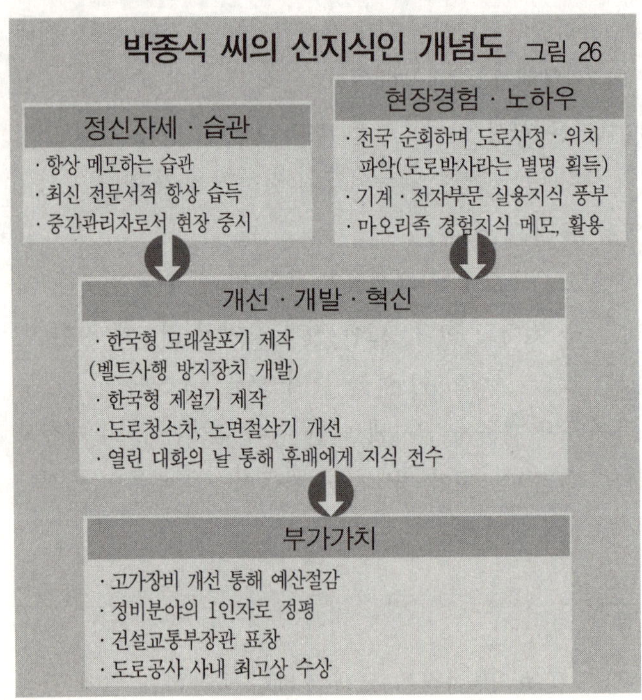

우리 소리 찾는 작은 거인

-음악인 김수철

'못다핀 꽃 한 송이', '나도야 간다', '젊은 그대' 등 불멸의 히트곡을 양산하며 1980년대 최고의 인기가수 중 한 사람으로 기억되는 사람.

아직도 '김수철'하면 기타를 들고 열창하는 모습을 떠올리는 사람이 많지만 이제는 작곡가로서의 모습만이 남아 있다. 화려했던 가수 시절만큼이나 작곡가로서 거둔 성과는 대단하다.

1986년 아시안게임, 1988년 서울올림픽, 1993년 대전엑스포, 1997년 동계유니버시아드 등 굵직한 국제대회의 행사음악을 도맡아 작곡했고 영화음악과 드라마음악, 국악분야에서도 독보적인 존재가 됐다.

김씨가 여러 국제행사마다 이름을 날릴 수 있었던 것은 '우리 소리'에 대한 남다른 열정과 실력을 인정받았기 때문이다. 우리 소리의 현대화에 음악적 재능을 쏟고있는 그는 작곡가로서는 최고수준의 대우를 받고 있다.

●우리 소리에 대한 열정

1978년 '작은 거인'이라는 4인조 록밴드를 결성하며 가요계의 주목을 받기 시작한 김수철 씨가 우리 소리를 자신이 평생 추구해야 할 음악이라고 생각한 때는 1980년도이다.

1983년 '못다핀 꽃 한 송이'가 수록된 솔로 1집 앨범으로 3개월 만에 100만 장이 팔리는 공전의 히트를 기록하고 1986년까지 각 방송국의 가수상을 휩쓸다시피 했지만 오래 전부터 국악공부의 필요성을 느낀 계기가 있었다.

"1980년 프랑스 청소년영화제에 소형영화 '탈'을 출품해 본선까지 진출했는데 서양 것만을 따라가는 것으로는 부족하다는 걸 절감했죠. 전통적인 우리의 소리를 찾아야겠다는 생각에 이 때부터 본격적인 국악공부의 길로 들어섰습니다."

낮에는 가수로서 음악활동을 하면서 밤에는 국악을 공부하는 주경야독(晝耕夜讀)의 생활이 시작됐다. 처음에는 국악에 익숙해지는 것이 최선의 방법이라고 생각하고 구입한 국악 테이프가 늘어지도록 듣고 또 들었다. 하지만 관련지식이 없으니 이해가 잘 될 리 없었다.

그래서 결심한 것이 우리 악기 배우기. 대금, 아쟁, 가야금, 피리 등 전문가에게 직접 수업을 받으면서 악기 특성을 파악했다. 이렇게 해서 배운 악기가 10개가 넘는다.

●시련 속에 피는 성공

김씨는 우리 소리에 대한 지식을 습득하면서 국악부문의 작곡 활동을 병행하기 시작했다. 1987년에는 첫 국악음반을 낼 수 있었다.

그러나 불과 몇 백 장밖에 판매가 되지 않아 레코드회사로부터 절판을 당하는 수모를 겪어야 했다. 이후로도 계속 발표된 국악음반이 상업적으로는 완전한 실패를 맛본다.

"당시 주위에서는 돈이 되는 가요판에만 신경 쓰라는 주문도 숱하게 많았습니다. 하지만 우리 소리에 대한 실험을 멈출 수가 없어서 국악음반을 꾸준히 냈어요."

돈 버는 데는 실패했어도 그의 음악적 노력은 서서히 인정받기 시작했다. 1986년 아시안게임 때 전야제 음악의 작곡을 의뢰받은 게 좋은 사례이다.

그는 그 때까지 생소했던 국악과 록의 조화를 보여줬고 '기타산조'를 국내 최초로 선보여 주목을 끌었다. 1989년에는 국악 '불림 소리'로 순수 음악상을 수상했는데 대중음악 작곡가 출신으로는 최초였다.

● 서편제와 팔만대장경

'고래사냥1·2', '그들도 우리처럼' 등의 영화음악과 '노다지' 등의 TV드라마 음악으로 작곡가로서의 역량을 발휘해온 김씨는 1993년 국악 음반으로도 큰 성공을 거둔다.

국내영화에 새바람을 일으킨 '서편제'의 국악음반이 그것이다. 주제음악인 궁중악대금곡 '천년학'과 소금곡 '소리길' 등 연주곡과 판소리, 대사가 포함된 이 앨범은 70만 장 이상이 팔려 국악음반 사상 최고의 판매고를 기록했다.

국악 작곡은 지난해 5월에 발표한 '팔만대장경'에 와서 절정에 이르렀다고 할 수 있다. 1995년에 유네스코의 세계문화유산으로 지정된 팔만대장경을 음악으로 기념해보자는 고려대장경연구소의 제의를 받아들이면서 그의 악착같은 노력은 시작됐다.

"종소리, 목탁소리, 스님의 기침소리를 담기 위해 트럭 2대 분의 음향 장비를 가지고 해인사로 달려간 것도 여러 번이었습니다. 민족의 얼이 담긴 숭고한 문화유산을 제대로 표현해야겠다는 생각에 평소 2~3갑씩 피우던 담배도 끊었습니다."

이러한 산고의 노력을 기울인 지 2년반 만에 '팔만대장경 1집'을 발표하게 됐다.

● 우리 소리의 최고 전문가를 향해

그는 요새도 작곡활동을 하고 남는 시간은 우리 소리에 대한 공부
에 전념한다. 이 분야 최고의 전문가가 되기 위해서는 해야 할 공부가
너무도 많다고 토로한다. 국악을 공부하면서 뼈저리게 느낀 건 우리
소리는 물론이고 문학, 미술, 역사 등 우리 것에 대한 자료가 제대로
된 게 없다는 것이다.

"한국 것을 무작정 고집한다고 외국인이 알아주는 게 절대 아닙니
다. 국제무대에서 인정받으려면 우리 것을 보편 타당한 것으로 승화
시켜 제대로 이해할 수 있도록 만들어야지요. 그러자면 전문지식은
물론이고 이를 홍보할 영문자료도 풍부해야 합니다."

그는 얼마전 자신의 음악활동을 알리기 위해 국문과 영문으로 인터
넷 홈페이지(www.kimsoochul.com)를 개설했다. 세계화를 위해서는

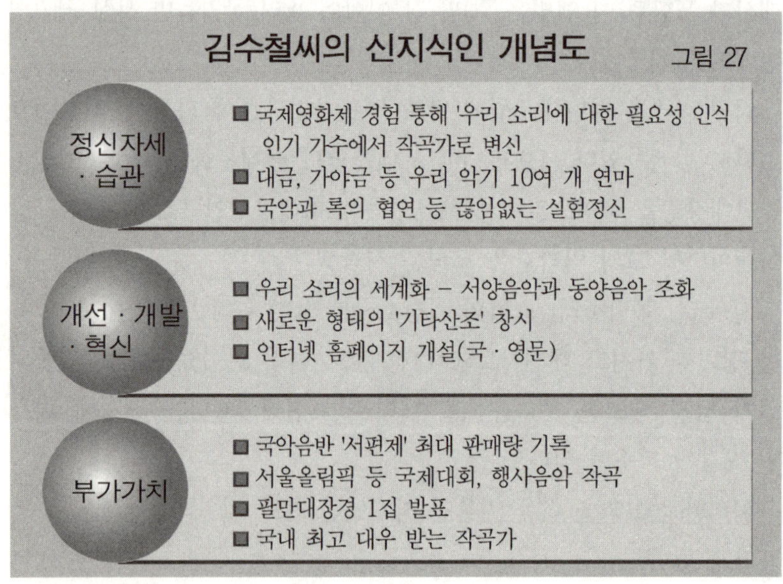

자료 : 매일경제신문, 1999

우리 것을 알리는 영문자료가 필요하다는 그의 평소 지론을 실천하기 위해서였다. 작은 거인 김수철 씨가 앞으로 펼칠 음악세계는 더 이상 국내에 머무르지 않고 세계인을 감동시키는 한국의 소리를 창조하는 것이다. 그래서 한국의 음악도 세계적임을 입증하는 것이다.

미용실에도 경영학이?

-헤어디자이너 **이상근**

"100인 1색, 10인 10색의 시대가 지나
가고 지금은 1인 100색의 시대입니다. 깊
고 넓은 안목의 필요성은 헤어디자인에서도
예외가 아니지요."

머리카락 위에도 철학이 있고 지식이 있
다. 연신내에서 이휘향 미용실을 운영하는 헤어디자이너 이상근 씨는
'머리카락 위의 철학'을 이야기할 수 있는 지식의 소유자다.

"요즘 미용실은 한 집 건너 하나씩 있습니다. 남들과 똑같이 해서는
절대로 성공할 수 없죠. 경제용어를 빌면 차별성이 있어야 한다는 뜻
입니다. 그러려면 머리 깎는 기술뿐 아니라 헤어스타일은 물론 미용
에 쓰이는 재료, 모발에 대한 이해 그리고 미용실의 입지 등 다양한
지식이 필요하죠."

차별화전략으로 그가 채택한 방법은 제너럴 스페셜리스트(General
Specialist)가 되는 것이었다. 그는 이 같은 목표를 위해 끊임없이 연
구에 몰두했고 그 연구열은 중졸 학력의 그를 대학강단에까지 서게
해준 힘이 됐다.

● 현장경험으로 상아탑 진입

1997년 말 한 일간지에는 전남 성화전문대학교 신설학과인 피부미
용과의 교수초빙 광고가 실렸다. 전형방법은 관련논문 등에 대한 서
류전형과 면접 등이었으며 학력은 대졸이상임은 물론이었다.

"학력은 안됐지만 광고를 보는 순간, 헤어디자인 분야에 20년간 종

사해 온 경험과 노하우를 가르치고 싶다는 생각이 불현듯 들더군요. 좀 창피한 생각이 들긴 했지만 용기를 내보았습니다.”

그는 그동안 현장에서 배우고 익힌 경험을 토대로 작성한 300쪽 분량의 미용학 논문을 작성해 응모했다. 내심 별로 기대하지 않았지만 결과는 뜻밖이었다. 학교측은 수십 명의 응모자중에서 그를 선택했다.

어깨 너머로 배우는 단순기술로 여겨져 온 미용을 나름대로 경험을 바탕으로 이론적 체계를 갖춘 노력이 교수들에게 높이 평가된 것이다. 일주일에 9시간을 강의하는 그는 미용학을 커트기술 외에도 헤어컬러링(염색), 헤어디자인(스타일) 그리고 미용서비스와 상권분석 등으로 구분해 체계를 세웠다.

● 머리카락 위의 예술

그의 미용실 한쪽에는 ‘연구실’이 자리잡고 있다. 각종 약품과 시험용기 등이 어지럽게 널려 있고 한쪽 구석에는 섬유염색에 관한 책자와 각종 서적들이 수북히 쌓여 있다. 그곳은 그가 지난 1996년 1년간 숙식을 하며 특수 염색방법과 같은 신기술을 연마하던 실험 장소이다.

“당시 부분염색이나 탈색이 유행했죠. 하지만 모발의 손상이 너무 많아 안타까웠어요. 전문 미용인으로 일말의 책임감을 느꼈던 게 연구의 동기였습니다.”

그는 모발 손상을 줄이면서 오랫동안 착색되는 염색방법 개발을 위해 염색에 관한 서적과 약품을 닥치는 대로 사들였다. 모발염색에 관한 자료가 드물어 섬유염색에 관한 책들을 구해 보기도 했고 머리카락의 특성을 알기 위해 모발생리학에 관한 서적들까지 탐독했다.

그는 수 없는 시행착오를 거쳐 알칼리와 산성의 수소 이온농도를 이용한 특수염색기법을 창안해 1997년 4월 발표회를 열기에 이르렀다. '상감기법'이라고 이름 붙인 이 염색방법은 모발손상이 거의 없음은 물론 세밀한 무늬와 다양한 색채를 연출할 수 있게 됐다.

이를 이용해 그는 머리에 사군자나 장미꽃 등을 그려 넣는 헤어쇼를 연출해 '머리에 꽃을 그리는 남자'로 방송을 타기도 했다. 여기에 그치지 않고 이상근 씨는 커트와 스타일 등 기본적인 미용기술에 관해서도 최고이기를 고집한다.

각종 패션잡지의 탐독은 물론 헤어스타일의 감각을 잃지 않으려고 한 달에 한 번 정도 이화여대 교정을 거니는 일도 빼놓지 않는다. 또 웰라(독일), 로레알 컬러링(프랑스), 아리미노(일본), 알란드 인터내셔널(영국) 등 세계적인 미용전문학원을 다니면서 국제적인 기술과 감각을 익히는 데도 욕심을 내고 있다.

● 미용실의 경영학

"줄서서 머리 깎는 때는 지났습니다. 미용기술이 있다고 아무 데서나 미용실을 개업했다가는 실패하기 일쑤죠. 미용도 이젠 경영개념을 도입해야 합니다."

그는 지난 1996년 연세대학교 창업교육 과정에 입학, 상권 분석과 각종 업종의 창업에 관한 이론을 배웠다. 특히 상권 분석 일반론을 미용업에 적용하여 나름대로 미용실 개업을 위한 상권분석론을 체계화했다.

이용 가능 거리내의 전체인구와 유입인구, 유출인구를 가감하고 남녀 비율 등 각종 변수를 적용, 상권형성이 가능한 인구비율을 도출했다. 또 이를 바탕으로 주위의 상가분포와 향후 상가입지 및 이용계획

그리고 경쟁업체의 진입전망 등에 대한 요인분석 방법도 제시했다.

"이 같은 분석을 해보면 미용실의 유지를 위해 적어도 이 비율이 950명 이상이 되어야 한다는 계산이 나옵니다. 그리고 이를 몇몇 미용실에 적용해 보니 거의 맞아떨어지더라구요."

미용기술과 지식이 아무리 뛰어나도 이제는 경영감각이 없으면 도태된다는 것이 그의 설명이다.

●고객을 아내처럼

그가 미용사가 된 계기는 좀 황당하다. 중학교 졸업 후 음악다방 DJ 등으로 전전하며 지내던 어느 날 머리를 깎으러 갔다가 초보종업원에게 봉변을 당한 뒤 화풀이로 머리 깎는 일에 손을 대기 시작했다.

물론 미용사가 '왕'이던 당시 미용업계의 매력에 끌렸던 것도 사실이다. 하지만 지금 그는 자신이 미용업을 시작하던 때와 지금은 다르

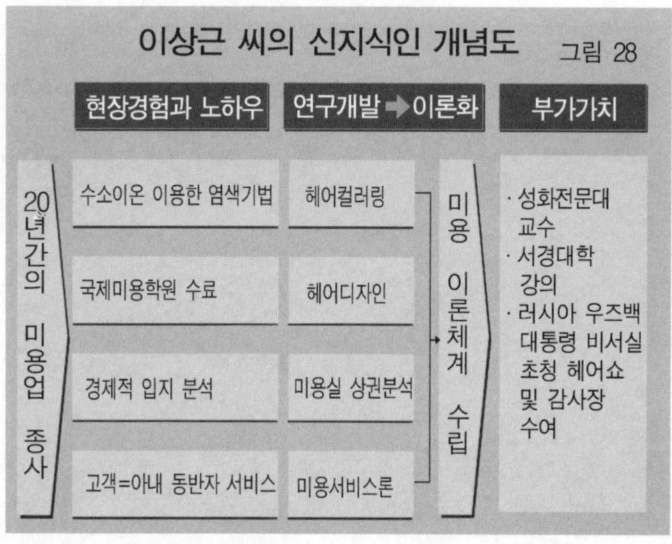

자료 : 매일경제신문, 1999

다는 사실을 거듭 강조한다. 이제는 '머리시장'도 공급자위주에서 수
요자위주의 시장으로 역전됐고 때문에 고객서비스가 성패를 좌우한다
는 것이다.

그래서 그의 서비스관은 '고객을 아내처럼'이다.

의사는 사장하면 안 되나요?
-충남 서천 서해병원장 이상용

"이제 의업에 종사할 허락을 받으매, 나의 생애를 인류봉사에 바칠 것을 엄숙히 서약하노라. ……(중략) 나는 환자의 건강과 생명을 첫째로 생각하겠노라. ……(후략)"

의사들은 이러한 '히포크라테스 선서'를 통해 인류에 대한 봉사자로서 각자 맡은 바 소임을 다하려는 노력을 경주한다. 어떤 의사들은 도시의 병원에서, 또 다른 의사들은 농어촌의 후미진 병원에서……. 아예 어떤 이들은 변변한 병원조차 없는 오지를 찾아 나서며 의술을 통해 박애정신을 실천한다. 그러나 병원이 아닌 곳에서도 '히포크라테스 선서'를 지켜나가는 의사가 있다. 충남 서천의 서해병원장 이상용.

이 원장의 또 다른 직함은 '(주)닥터리'라는 벤처기업 사장이다. 어쩌면 그에게는 병원장이란 이름보다는 벤처기업가라는 호칭이 더 친숙하게 들릴지도 모른다. 여느 병원장들과는 달리 이 원장은 머리를 기르고 다닌다. 바이어들에게 동양인의 독특한 인상을 심어주기 위한 전략이다. 그러나 그의 뿌리는 항상 병원에 있다.

"서해병원에는 원훈이 따로 없습니다. 병원의 의무는 너무나 당연한 것입니다. 환자를 아프지 않게 해야 하고 안 아픈 사람을 계속 안 아프게 해야 합니다."

따라서 그가 생산하는 제품 역시 병원과 뗄래야 뗄 수 없는 의료기기이다. 의사로서의 경험을 토대로 병원에 꼭 필요한 제품을 생산하는 벤처기업가로 탈바꿈한 것이다.

●의사는 사장하면 안 되나요

이상용 원장의 출발은 여느 의사들과 다를 바 없었다. 의대를 졸업하고 인턴, 레지던트 등 의사가 되기 위한 과정들을 모두 거친 후 병원을 개설하는 수순이다.

다만 다른 것이 있다면 병원을 처음 세우기 전에 해외 나들이(?)를 갔다는 점이다. 이 때가 1987년. 어차피 농촌지역에 병원을 설립할 계획이었던 그는 선진국의 농촌병원을 한번 둘러본 것이다. 이러한 해외병원 견학은 새로운 이정표를 제시해준다.

"미국의 경우 대기업이 농어촌 병원 등에 기부하는 것이 일반화돼 있습니다. 병원들은 설령 도시에 있지 않더라도 이러한 기부금을 통해 풍부한 기자재 및 최첨단 시설을 갖추고 환자들을 치료하죠."

이 원장은 이러한 미국 농촌병원의 모습을 접하고는 한마디로 기가 질렸다.

"단순한 의사로서 농촌병원을 지어서는 운영이 될 수 없을 것 같다는 생각이 들었죠."

그렇다고 포기할 그가 아니었다. 만약 포기했다면 지금의 벤처기업가가 탄생될 리 만무했다. 그는 오히려 '차라리 내가 병원의 설립자인 동시에 기부자가 돼야 하겠다'는 당찬 생각을 했다.

●험난한 경영자의 길

그는 우선 각종 세미나와 연수과정에 참여해 기업경영을 위한 사전교육을 받기 시작했다. 교육을 받으면서 어지간히 준비가 됐다고 판단한 그는 1990년 남들처럼 장래 유망업종 중 하나인 정보통신기기 사업에 뛰어들었다.

그러나 그의 첫 '경영자의 길'은 보기 좋게 실패로 돌아갔다. 역삼동 서울지사에 13명의 연구인력을 고용하는 등 막대한 투자를 했지만 사업개시 후 20개월 만에 회사 문을 닫아야 했다. 설상가상으로 그는 92년에는 교통사고로 척추가 3개나 부러지는 중상을 입고 6개월간 병원신세를 져야 했다. 그러나 이 기간이 그에게는 실패의 원인을 점검하고 재충전하는 기회가 됐다.

"병상에서 실패의 원인을 곰곰이 생각해 봤죠. 우선 경영에 대해 너무 몰랐다는 것입니다. 그렇다 보니 관리시스템도 제대로 갖추지 않고 회사를 경영한다고 덤볐었죠. 무엇보다 가장 큰 원인은 잘 모르는 분야에 투자한 것입니다."

●습관은 성공의 초석

이 원장은 다른 사람들보다 지식 및 정보습득에 광적이다. 신문도 거의 외우다시피 꼼꼼하게 챙긴다. TV는 보지 않고 그 시간에 책을 본다. 또 가급적 각종 세미나에 참석해 세계적인 지식의 흐름을 파악·획득한다. 그의 이러한 습관은 실패를 딛고 경영자로 거듭나는 과정에서 그대로 빛을 발했다.

그는 그동안 단편적으로 받았던 경영수업을 다시 체계적으로 복습하고 새로운 업종을 선정하기 위해 수집된 정보를 반복해서 분석해 나갔다. 그는 특히 초기사업 실패를 거울삼아 생산품목을 선정하는 과정에서 자신의 경험을 토대로 한 방법지를 최대한 활용했다.

"첫째, 내가 아는 것을 한다. 둘째, 대기업이 치고 들어오기 힘든 사업을 해야 한다. 셋째, 선진국이 하기는 싫어하고 후진국이 하기에는 기술적으로 딸리는 것을 해야 한다. 넷째, 마케팅에 있어서 의사가 해야 유리한 것을 한다."

● 의사에서 벤처기업가로

이 원장은 이러한 원칙을 토대로 새로운 사업품목으로 심전도 사업을 결정했다. 또 1994년 설립된 회사명은 자신의 직업과 성을 따서 '닥터리'라고 정했다.

협력업체와의 문제, 불안정한 부품공급 등 여러 가지 어려움에도 불구하고 그는 같은 해 제품을 완성시켜 세계 최대의 독일 뒤셀도르프 의료기기전시회(MEDICA '94)에 출품시켰다. 출품된 제품은 바이어들의 관심을 끌기에 충분했고 세계 최고의 심전도 회사 중 하나인 독일업체로부터 대량의 OEM(주문자 상표부착방식) 주문이 들어왔다.

그 후에도 이 원장은 꾸준한 연구투자를 통해 제품의 질을 향상시켜나가는 한편 외국 바이어들과의 신뢰를 바탕으로 수출에 전념했다. 이 결과 '닥터리'의 지난해 매출은 IMF 경제위기 상황에서도 350만 달러에 이르렀다.

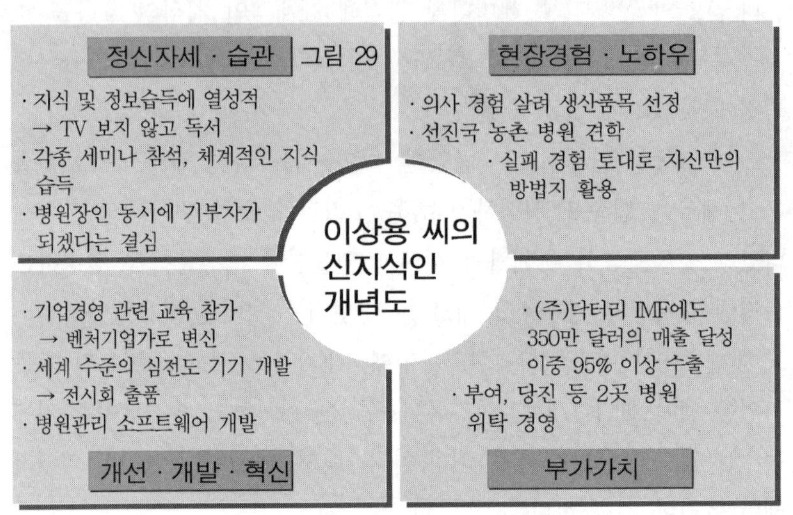

자료 : 매일경제신문, 1999

그는 이러한 성공에 만족하지 않는다. 선진국 기업들의 기술을 따라잡기 위해 생체계측기기 개발 부설연구소를 설립하고 연평균 매출액의 20% 이상을 연구개발비에 투자한다. 또 제품이 개발되는 즉시 독일 MEDICA 등 세계적인 의료기 전시회에 참가해 다른 제품들과 성능을 비교한다.

"기업경영도 열정과 재미를 가지고 해야 합니다. 가족 부양이라는 의무감에서 경영을 해선 안 되죠. 즐겨야 합니다. 기업경영을 통해서 즐거움을 찾을 수 있어야 합니다."

그러나 이 원장은 본인 스스로를 벤처기업가보다는 의료인이라고 생각한다. 따라서 현재 서해병원 외에도 경영이 어려운 부여와 당진, 2곳의 병원을 위탁받아 경영하고 있다. 또한 새로운 개념의 진료지원 등을 담은 병원관리 소프트웨어도 개발해 서해병원에 도입·운영하고 있다.

화장품 판매원이 웬 혈압계?

―코리아나 화장품 지부장 이창우

여성 화장품 광고모델에 남자가 등장하는
것은 더 이상 희한한 일이 아니다. 하지만
여성 화장품 방문판매를 남자가 한다면
…….

코리아나 화장품의 이창우 지부장은 여성
들만의 성역이었던 '화장품 판매 부문'에서 발군의 실적을 올리고 있
다. 그는 한 손에는 혈압계가 든 가방을 다른 손에는 각종 피부미용
지식이 담긴 가방을 들고 고객을 찾아간다.

화장품 견본이 든 가방을 들고 찾아가 얼굴 마사지 등의 서비스를
제공한 후 고객의 미안한 마음을 이용해 자사 제품을 판매하는 대부
분의 방문 판매원과는 완전히 차별화한 영업 전략을 구사한 것.

기존의 영업판매 방법을 답습하지 않고 자신만의 영업 스타일을 새
롭게 창출함으로써 남성들의 '불모지'나 다름없던 화장품 방문판매 업
계에서 단기간에 부상할 수 있었다.

● 화장품판매원이 남자?

그도 처음에는 자신의 인생 목표를 찾지 못해 적지 않게 방황한 시
절이 있었다. 경기도 양평에서 고등학교를 졸업하고 친구들과 무작정
서울로 상경했다. 2년 동안 공단 근처를 전전하며 프레스, 재단, 선반
기술을 익히며 공장일을 습득했다.

그 때 그는 공부를 계속하라고 격려해 준 직장 상사로부터 큰 힘을
얻었다. 그 해 독학으로 공부한 끝에 신흥보건대 임상병리과에 합격

할 수 있었다. 임상병리기사 자격을 취득한 이창우 씨는 졸업하자마자 한양대학병원에 근무하게 됐지만 곧 적성에 맞지 않는다는 것을 깨달았다. 그 후 Y제약회사와 N사를 거쳤지만 역시 마찬가지였다.

"사람들을 활발하게 만나며 승부를 거는 영업직이 내 적성에 맞는다는 것을 깨닫게 됐습니다. 또한 학력과 인맥에 상관없이 일한 만큼 정당하게 보상받을 수 있는 직장이면 좋겠다고 생각했죠."

여러 가지를 궁리한 끝에 발견한 직업이 화장품 세일즈였다. 남성들에게는 불모지나 다름없는 이 분야에서 성공을 거둘 수 있을 것 같다는 희망을 읽었기 때문이다. 하지만 처음에는 순탄치 않았다. 첫 월급은 고작 40만 원. 게다가 남자가 살아남기 힘든 환경임을 느낄 수 있었다. 여자 고객들도 처음에는 웬 남자가 화장품을 건네느냐면서 경계하는 경우도 많았다. 따라서 그는 마케팅 방식을 남과 철저히 차별화해서 승부수를 띄우기로 결심했다.

● 최후의 승부수…마케팅 차별화

1994년 1월 코리아나에 입사한 이창우 씨는 처음의 막막함을 이렇게 토로한다.

"화장품이래봐야 스킨과 로션밖에 몰랐는데 입사하자마자 경쟁사 제품까지 수백 가지의 화장품 특성을 익히려니 어려움이 많았죠. 또 남자로서 여자 고객의 얼굴에 손을 댄다는 게 여간 부담스러운 일이 아니었습니다."

여자 판매원과 차별화한 세일즈를 해야겠다는 생각에 곧 접어들었다. 피부 마사지나 메이크업을 직접 못하는 대신 건강상태를 측정해 주고 과학적인 피부 컨설팅을 실시함으로써 고객들의 신뢰를 끌어낸다는 복안이었다.

그래서 맨 먼저 생각해 낸 것이 휴대용 디지털 혈압계를 이용한 건강상담이었다. 혈압계를 지니고 다니면서 고객들의 혈압을 체크해주고 간단한 민간요법을 알려줬다. 대학에서 임상병리학을 전공한 덕분에 기본적인 의학지식에는 어느 정도 자신 있었다. 고객들의 반응도 기대 이상이었다.

두 번째 전략은 과학적인 마케팅.

"화장품 견본과 카탈로그를 들고 찾아가 이 제품을 써보라고 선전하는 것이 아니라 고객의 피부상태를 수치화한 도표를 통해 올바른 피부관리를 할 수 있도록 조언하고 있습니다. 요즘 고객들이 판매원의 말보다는 시각적인 데이터를 신뢰한다는 사실에 착안했죠."

그는 철저하게 고객의 건강과 피부상태에 따른 화장품 사용을 권한다. 그러다 보니 그를 찾는 여성고객들이 부쩍 늘었다. 심지어는 심한 여드름과 기미를 치료하기 위해 찾아오는 고객도 적지 않다. 이 지부장은 고객들의 기대를 저버리지 않기 위해 어떻게 하면 피부 트러블을 치료할 수 있는지 연구를 거듭했다.

그 결과 한방의 감초가 피부에 존재하는 독소를 중화시킨다는 것을 알게 됐다. 그는 따라서 감초와 밀기울(밀 껍데기), 꿀 등을 혼합한 약가루를 직접 만들었다. 이를 팩 형태로 얼굴에 사용한 대부분의 고객들은 3주 만에 좋은 효과를 거뒀다.

●흰 가운과 머리핀

이 지부장은 고객과 상담할 때면 항상 흰 가운과 깨끗하게 소독한 장갑을 낀다.

"고객의 얼굴에 더러운 손을 댈 수는 없죠. 고객에게 신뢰감과 전문성을 주자는 생각입니다. 이 방법을 동료나 후배들에게 진정으로 권

해도 판매원이 무슨 가운에 장갑이냐며 웃기만 할 뿐 실행하는 사람이 없습니다. 남들과 똑같이 해서는 평균밖에 못 가는 거 아닙니까.”

그는 피부상태를 파악할 때도 독특한 방법을 쓴다. 대다수 화장품 판매원들이 고객의 얼굴만을 살펴보지만 그는 고객의 손을 더 자세히 관찰한다. 화장이나 비누 등으로 손상되기 쉬운 얼굴보다는 손등을 보면 원래의 피부 타입을 더 잘 알 수 있다는 것이다.

이 지부장은 고객 사은품도 철저히 차별화한다. 평소 시간이 날 때 남대문에서 예쁜 머리핀을 사두었다가 고객에서 선물한다. 대다수 판매원들이 판촉물로 나눠주는 가방이나 비누 등의 상투적인 메뉴를 바꿔본 것이다.

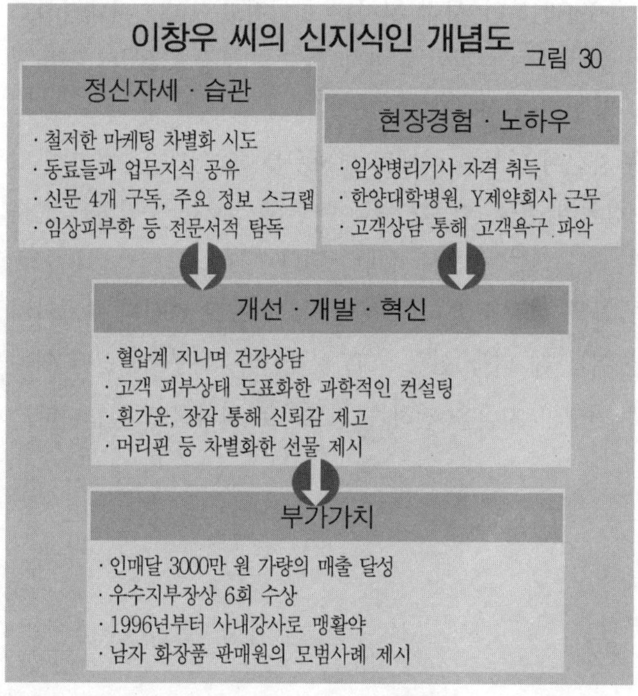

자료 : 매일경제신문, 1999

모양도 예쁘고 차별화된 선물이라 받는 고객도 좋아하고 가격도 2000~3000원대로 비교적 저렴해 '일석이조'의 효과를 보고 있다.

● 지식공유와 자기계발

새로운 마케팅 전략을 고안하면서 끊임없이 업무를 개선한 결과는 영업 실적으로 나타났다. 현재 그가 운영하는 안양지부는 매달 3000~4000만 원 정도의 매출을 올리고 있다. 본사에서 수여하는 우수지부장상도 6차례나 받았다. 이 상은 전국 1050여 명의 지부장 중 영업순위 30위권에 들어야 받을 수 있는 것이다.

그는 우수 영업사원들을 대상으로 실시하는 프랑스 해외 연수과정을 이수한 후 1996년부터 사내 강사로 활약하고 있다. 사내강사로 정식 활동하기 위해서는 실적이 좋아야 하고 지부장으로서의 경력도 일정기간 이상이 되어야 한다.

이 지부장은 자신이 터득한 마케팅 노하우를 최대한 전수하고자 노력한다. 그는 강의의 질을 높이기 위해 부단히 정보를 수집하고 신문을 스크랩한다. 구독하는 신문도 4개나 된다.

"제 목표요? 물론 실적을 올리는 것도 중요하지만 자신의 부가가치를 계속해서 높이는 데 더욱 신경 쓰고 싶습니다. 피부미용뿐만 아니라 영업기법과 인생의 지식을 전하는 전도사로 활약하고 싶습니다."

역사 속의 신지식인

3부

역사 속의 신지식인

우리의 유구한 역사 속에서 찾을 수 있는 '신지식인'은 과연 어떠한 모습일까?

결론적으로 우리의 역사 속에는 무수히 많은 '신지식인'의 선구적 사례들을 발견할 수 있을 것이다. 어떤 의미에서는 우리 역사의 전환기에 발전을 이끌어왔던 주체들은 대부분 '신지식인'적 특성을 갖고 있었다고 해도 과언이 아니다.

삼국시대에 불교 수용에 앞장섰던 승려나 강수, 설총 등 초기 유학자들, 통일신라 말기에 등장해 신라 재건을 꿈꾸다 좌절을 겪고 결국에는 고려 건국에 이론적 근거를 제공했던 육두품 지식인들, 오랜 바다 생활과 해외 활동의 경험을 바탕으로 해상무역을 장악했던 통일신라시대의 장보고나, 관노 출신임에도 불구하고 기존 사고의 틀에서 벗어나 창의적인 발상과 장인적 경험을 바탕으로 과학기술 발전에 주도적인 역할을 한 조선 초기의 장영실.

국가가 환란으로 위기에 처해있을 때, 진리가 핍박을 받을 때, 사회 전체가 정체에 빠져 제 역할을 다하지 못하고 있을 때 지칠 줄 모르는 비판의식과 개혁의지로 사회참여에 열성을 다한 선각자들에게서 우리는 '신지식인'의 모습을 찾아볼 수 있다. 이들은 새로운 지식을 수용하

고 이를 실천적으로 활용해 시대적 과제를 성취해 나갔다는 점에서
부분적으로는 '신지식인'의 요소를 갖추고 있다.

또한 각 시대에는 몇몇 특출난 개인들이 '신지식인'의 행동 특성을
뚜렷이 드러내면서 역사 발전에 기여하기도 했다. 조선 후기 현실사
회의 모순에 대해 날카로운 문제의식을 가지고 이를 해결하고자 했으
며, 과학적인 학문의 탐구로 현실세계의 개선을 도모하고자 했던 실
학파 지식인이나 전문적·도구적 지식을 추구하여 국가운영에 필요한
지식을 제공하고 자신의 생활의 질을 향상시켜 나간 중인기술관, 격
동하는 현대물결 속에서 보수로의 회귀만을 추구하던 국가의 나아갈
길을 제시하고자 했던 개화기의 지식인 등이 바로 그들이다.

이들은 비록 그들의 창의적 능력을 수용할 수 없는 사회적·제도적
환경 때문에 그 뜻을 맘껏 펼치지는 못했지만 이들이 남긴 역사적인
업적은 오늘날 우리들에게 신지식인이 무엇이며 어떠한 역할을 해야
하는지를 제시하는 길잡이가 되고 있다.

특히 실학을 통해 이미 조선시대 때 지식국가 건설을 꿈꿨던 정조
대왕도 우리가 눈여겨봐야 할 대표적인 신지식인 사례라 할 수 있다.

정조대왕과 지식국가

정조대왕이 오늘날 한국을 사는 사람들에게 전면으로 부각되게 된 것은 소설가 이인화 씨가 쓴 『영원한 제국』에 힘입은 바가 크다. 이 소설은 영화로 제작되기도 했다.

소설에서 정조는 인조 이후 몰락에 몰락을 거듭했던 왕권(王權)을 강화하는 과정에서 의문의 죽음을 당하는 것으로 묘사돼 있다. 그러나 정조대왕이 왕권만을 강화시켜 전제군주가 되려 했다면 그가 오랫동안 한국인에게 기억되는 군주는 되지 못했을 것이다. 왕권과 신권(臣權)간의 갈등에 관한 이야기는 한국사 전반에 걸쳐서 나타나는 일상적인 현상이었기 때문이다.

정조대왕이 오늘날 한국인에게 귀감이 될 수 있는 이유는 다른 데 있다는 이야기이다. 결론부터 말하자면, 정조대왕은 낙후된 조선왕국을 지식국가로 만들기 위해서 노력한 몇 안되는 군주 중 하나였기에 오늘날 한국을 사는 한국인, 그리고 더 나아가서는 한국의 지도자들에게 표상이 되기에 충분한 왕이었다.

그렇다면 정조대왕은 조선을 어떠한 방식으로 지식국가로 전환시키기 위해서 노력했던가.

첫째, 정조는 선진국과 벌어진 지식격차의 존재를 인정하고 이를 해소하는데 주력했다. 정조가 영조의 뒤를 이어 왕위에 올랐을 때 가장 먼저 한 일은 규장각을 세우는 일이었다.

규장각의 성격에 대해서는 여러 가지 이론(異論)이 있을 수 있으나 지식국가의 측면에서 볼 때는 국가지식시스템의 핵심 중추 부서였다. 다시 말해 국가적 차원에서 지식을 측정하고 관리하며 선진국과 비교해서 모자란 점이 있다면 이를 외국에서 수입해오는 역할을 담당했던 것이다.

당시 선진국 하면 중국을 일컫는다. 정조는 규장각을 세우고 규장각의 검서관들을 뽑아 중국으로 파견한다. 이들에게 주어진 명령은 당시 최고의 지식서적이었던 『고금도서집성』 5,022권 전체를 입수해오는 일이었다. 이 책은 당대 최고의 지식을 모아 놓은 서적으로 중국은 물론 서양의 최신 문물까지를 자세히 소개해 놓고 있었다.

요사이 용어로 해석한다면 그러한 책을 조선에 반출시킨다는 것은 중국의 입장에서 보면 '두뇌의 해외유출'과 마찬가지였다. 따라서 중국으로 간 선비들은 책을 쉽게 구하지 못하고 5,022권 중 절반 가량을 고생 끝에 입수해 수레에 싣고 귀국하는 데 성공한다.

정조는 규장각 검서관들로 하여금 이 책을 면밀히 연구해서 백성들의 복리를 증진시키도록 요구했다. 실사구시(實事求是)는 이렇게 탄생했다. 정약용, 박제가 등 실학파의 실질적인 대표자는 정조였던 것이다. 규장각 검서관들은 정조의 이러한 철학을 충실히 실행에 옮겨 거중기 등 당대의 발명품들이 모두 이때 나온다.

이들은 요사이 유행하는 말로 따지면 노쇠한 조선조 관료사회에 새바람을 불어 넣은 '젊은 피'였다. 정조는 지식격차의 해소를 위해 외국의 문물을 수입하는 데 주저하지 않았을 뿐 아니라 신학문의 육성을 위해 젊은 피를 수혈했던 것이다.

둘째, 정조는 지식의 저장에도 탁월한 능력을 보였다.

지식의 저장을 위해서는 반드시 기록이 필요하다. 사람의 두뇌 속에 있는 지식을 끄집어내어 문자나 데이터의 형태로 전화시켜야만 지식은 저장될 수 있다. 바로 그러한 기록문화의 보고가 바로『화성성역의궤』이다.

수원시가 화성을 옛 모습대로 완벽히 재연해 낼 수 있었던 것도 바로 이『화성성역의궤』의 덕분이다.『화성성역의궤』는 화성이 건설된 후 1801년에 발간된 것으로 축성계획에서부터 제도, 법식뿐 아니라 건물의 모양은 물론 건물을 짓는 데 사용된 자재와 인원, 자재의 출처와 용도, 예산 및 임금의 계산, 시공기계, 공사일지 등을 상세히 기록해 놓은 것이다. 심지어는 공사에 참여한 평민들의 이름까지 일일이 기록하여 그들의 공로가 후세에 전해지도록 했다.

수원화성의 건설은 실제로 단군이래 최대의 역사(役事)라고 일컬어질 정도의 거대한 프로젝트였다. 정조는 이러한 대규모 사회간접자본을 건설하면서도 옛 방식을 따르지 않고 혁신적인 방법을 사용한다.

우선은 국가의 재정을 낭비하지 않고 성을 건설했다는 점이다. 어떻게 가능했는가. 정조는 수원성을 건설하면서 수원성 외곽에 저수지인 만석거를 만들어 농지(대유둔)를 개간하고 여기서 거둬들이는 쌀을 팔아 자금을 조달한다. 저수지 및 농지건설비용은 국가재정이 아닌 왕실의 돈 즉, 내탕금을 사용했다.

둘째로는 백성들의 강제부역에 의존하지 않았다는 점이다. 이 역시 당시로서는 일대혁신이 아닐 수 없었다.

정조는 백성들의 강제부역 대신에 임금을 주고 백성들의 노동력을 샀다. 물론 정조 당시의 사회경제적 변화가 임금노동의 등장을 초래하긴 했다. 그러나 왕이 마음만 먹으면 강제부역을 거부할 수 있는 백성은 없는 것 역시 현실이었다. 그럼에도 불구하고 정조는 조선조 최초로 건축노동자들을 활용, 수원성을 건설한다. 그리고 노동자들의 이름을 성역의궤에 자세히 나열함으로써 그들의 노역을 치하하는 한편 조선조 최초로 '건축실명제'를 실시했다.

강제노역 대신 임금노동자를 사용하다보니 가급적이면 노동시간을 단축시킬 필요가 있었다. 노동시간의 연장은 건축공사비를 상승시킬 것이기 때문이다. 그 결과 발명된 것이 바로 거중기이다. 노동력의 사용을 가급적 줄일 수 있는 각종 묘안이 활용됐던 것이다.

임금노동자를 활용해 역사(役事)를 하다 보니 또한 백성들의 원성은커녕 백성들로부터 성군을 칭송하는 노랫소리가 울려 퍼졌던 것은 당연하다. 대원군이 경복궁을 무리하게 중창하다 백성들의 원성을 쌓은 것과는 대조적인 일이다.

왜 그런가. 수원화성의 공사 자체가 바로 경제활성화 조치였기 때문이다. 세금을 추가로 걷지 않고 성을 쌓으면서 돈이 백성들에게 흘러 들어가니 백성들의 소득이 오르고 생활이 개선되는 것은 당연한 일이었다. 현대 국가가 경기가 어려울 때마다 선택하는 중요한 재정 수단의 하나인 사회간접자본 확충과 마찬가지 효과를 나타낸 것이다.

『화성성역의궤』와 함께 기록문화의 꽃 중 하나로 일컬어지는 『원행을묘정리의궤』 역시 가히 놀랄 만하다. 『원행을묘정리의궤』는 1795년 정조가 어머니 혜경궁 홍씨의 회갑을 맞아 화성에서 회갑잔치를 올리기 위해 화성에 행차하는 8일간의 행궁에 관한 기록이다.

한양을 출발해 화성에서 회갑잔치를 하고 돌아오기까지 8일간의 행적을 그대로 적고 있을 뿐 아니라 1700여 명이 참가한 행차의 모습을 그림으로 그린 반차도(班次圖), 한강을 건너는 배다리(舟橋)를 어떻게 건설했는지, 임금과 혜경궁의 상차림이 어떠했고 음식재료로는 무엇을 썼으며 어떻게 요리했는지까지 시시콜콜한 기록이 모두 적혀 있다. 수원시가 매년 정조의 수원화성행차를 재연하고 있는 것도 이 기록이 전해지지 않았다면 불가능했을 것이다.

조선왕조의 불행은 정조의 이 같은 지식국가 건설노력이 정조대왕의 갑작스런 죽음 이후 계승되지 못하고 오히려 퇴행했다는 점이다. 순조 이후 조선은 권문세가들의 세도정치에 휘말리면서 실사구시의 정신은 사라지고 사농공상(士農工商)의 구시대 유물에 매달리면서 국가의 상업과 공업의 진흥을 이루지 못함으로써 국력이 쇠퇴해 짐과

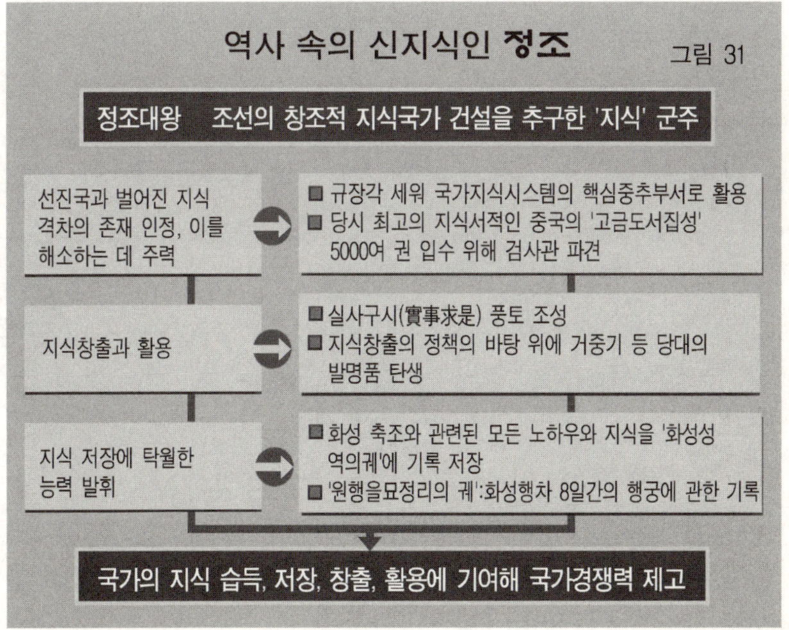

동시에 쇠락의 길을 걸었던 것이다.

　조선조 말기 대원군이 등장, 정조와 마찬가지로 잃어버린 왕도정치의 이상을 구현해'보려했으나 대원군이 정조에 비해 하수(下手)인 이유는 백성들을 자기편으로 끌어들이는 정치를 하지 못한 데다 선진 지식국가를 포용하지 못하고 적으로 규정했다는 점이다.

　이제 다시 세기말을 맞는 한국은 대원군 같은 지도자가 아니라 정조대왕과 같은 지도자를 필요로 한다. 선진 지식의 습득을 장려하고 국민들이 모두 자신이 하는 일을 개선·개발·혁신하도록 권장하면서 국가지식시스템의 개혁을 통해 지식국가로 거듭나야 하는 것이다.

실학파 신지식인

실학파 지식인의 행동 특성

실학은 넓게 보면 17세기에서 19세기에 이르는 약 250년에 걸쳐 전개되었고 실학자로 간주될 수 있는 인물의 수도 적지 않다. 따라서 그들 모두에게 공통되는 행동 특성을 요약하는 것은 매우 어렵다. 그러나 그들 중 대다수의 생애와 활동을 관류하는 공통적인 특성을 찾아보는 것이 전혀 불가능한 것만은 아니다. 이를 몇 가지 측면에서 정리해 보자.

첫째, 실학파 지식인들은 현실 사회의 모순에 대해 날카로운 비판 의식을 갖고 있었고 무엇보다 현실 즉, 일반 민중들의 실생활에 대한 면밀한 관찰을 통해 터득한 지식으로 문제를 해결하려는 실천 의식을 갖고 있었다.

둘째, 실학파 지식인들은 기존의 성리학에 대해 비판적인 입장을 취하였다. 즉, 의리와 명분에만 집착한 나머지 폭넓은 지식(博學)에 대해 이(利)를 추구하는 것으로 배격했던 기존 성리학을 비판하며 실용적인 지식관을 추구하였다. 이들은 특히 현실 경제문제에도 깊은 관심을 기울였다. 이런 실학파의 지식관은 '실사구시(實事求是)'라는 말로 표현될 수 있다.

셋째, 실학파 지식인들은 좀더 과학적인 학문탐구의 방법론을 견지했다고 할 수 있다. 이들 중 상당수는 청나라를 통해 전해진 서학과 고증학의 영향을 받고 있었고, 근대 유럽의 자연과학적 지식에도 상당한 소양을 갖추고 있었다. 다산 정약용은 자연과학적 방법을 활용해 스스로 거중기를 고안하여 화성(수원성) 축조에 응용하기도 했다. 이런 방법론적 태도가 기존의 성리학에 대한 비판 의식을 고양시켰음은 말할 것도 없다.

넷째, 실학파 지식인들은 민본사상에 좀더 투철한 모습을 보여준다. 민본사상은 유교의 기본적인 덕목으로 내재해 있는 것이긴 하지만, 지배의 철학으로서의 성리학은 자주 그 본의를 소홀히 하는 경향이 있었다. 따라서 실학자들은 자주 원시유학으로 돌아가 유교의 민본사상을 되살려내는 데 주력하고, 나아가 이를 기초로 당시의 신분제의 모순에 대해 예리한 비판을 가하였다.

다섯째, 실학파 지식인들은 자주적인 역사의식, 민족의식을 발전시켰다. 이는 특히 실학자들의 역사·지리 저술에서 두드러지게 나타난다. 삼한정통론에 입각 『동사강목』을 저술함으로써 독자적인 역사관을 제시한 안정복이나 발해를 한국사에 편입시킬 것을 주장한 유득공의 『발해고』 등은 그 대표적인 예일 것이다.

그러나 실학파 지식인과 오늘의 '신지식인' 사이에 차이점이 없는 것은 아니다. 실학파 지식인들이 '실사구시'의 자세로 현실 경험의 중

요성을 강조하고, 농업과 상공업을 포함한 산업의 진흥을 역설하면서
도 자신이 직접 산업에 뛰어든 인물을 거의 발견할 수 없다는 점이다.
즉, 실천의 차원에서 실학자들은 '선비(士)'의 영역을 한 치도 벗어나
지 않았던 것이다.

　또한 실학파 지식인들은 대부분 현실 정치에는 참여하지 못했다.
그 결과 이들이 제시한 사회개혁안들은 정책화 과정에서 검증되거나
발전될 계기를 마련하지 못했다. 이 점이 실학파 지식인과 그들의 학
문이 갖는 한계이지만, 다른 한편으로 이들은 오늘의 '신지식인'에게
귀감이 될 만한 투철한 사명감과 정신자세, 윤리의식 등을 갖고 있었
음을 잊을 수는 없을 것이다.

실학파 지식인의 사례

새로운 사대부의 길을 모색한 실학의 선구자
· 유형원(1622~1673)

유형원은 정치를 올바르게 이끌지 못한 무능한 양반을 비판하고 진정한 사대부의 길을 걷고자 노력한 인물이다.

이러한 배경에는 그가 직접 체험한 병자호란이 큰 영향을 끼친다. 유형원은 양란으로 인해 국가의 권위와 질서가 흐트러지고 농민생활이 극도로 피폐해진 당시의 시대상황을 보면서 개선, 개혁의 필요성을 절감한 것이다.

그는 단지 양반이라는 이유만으로 별로 하는 일도 없이 호의호식(好衣好食)하는 자신의 생활을 깊이 반성했다. 뿐만 아니라 권세를 지키는 데 급급한 벼슬아치들이나 고통받는 농민의 처지는 아랑곳하지 않고 고담준론(高談峻論)하는 유식자들을 비판했다.

따라서 그는 과거와 벼슬을 통한 사대부의 길을 마다하고 자신이 옳다고 생각하는 선비의 길을 선택했다. 과거공부를 그만둔 것은 물론 벼슬도 바라지 않고, 서울생활마저 포기한 채 온 가족을 이끌고 전라도 부안 땅으로 낙향해버린 것이다.

스스로를 낮춰 피폐한 농업현실을 직접 체험하면서 진정한 선비의 길을 찾기 위함이었다. 결국 그는 과거와 벼슬을 등지고 농촌에 숨어버린 은둔자였다고 할 수 있다. 그러나 그는 결코 현실과 유리된 국외자는 아니었다. 그 곳에서 그는 객관적이고 실제적인 학문에 관심을 기울였다. 시문을 외우는 따위의 공부를 하지 않으면서 유교경전과 선학들의 글을 스스로 연구해 그 의미를 깨우치고 이를 실제의 현상이나 사물과 연결시켜 이해하려고 노력했다. 이런 과정을 통해 그는 인간과 사회의 이치는 물론 배운 자와 다스리는 자의 책임을 통감했다. 당시의 현실을 새롭게 인식한 것이다.

한 평생 부안에서의 오랜 경험을 바탕으로 유형원은 사망하기 3년 전 『반계수록』(磻溪隨錄)을 저술한다. 이 책에서 그는 새로운 국가 건설에 관한 자신의 방책을 설명했다. 개혁의 출발점이 토지제도 개혁에 있다고 본 그는 농민의 생계보장을 위해 농사를 직접 짓는 농민에게 토지가 돌아가도록 '공전제' 실시를 주장했다.

또 농민에게 교육의 혜택은 물론 관리로 진출할 기회까지 주는 획기적인 방안을 제시했다. 이를 통해 종래에 가문을 앞세우는 양반은 사라지고 능력에 따라 신분이 정해지는 새로운 사회질서가 정착될 것으로 생각한 것이다.

그의 개혁안은 당면한 현실의 폐단을 획기적으로 해결할 구체적인 방안과 목표를 마련하고 있었다. 또 이전의 여러 개혁론을 두루 검토해 양란 이후 조선사회가 나아가야 할 올바른 방향을 제시한 것이다. 특히 당시 많은 사람들이 기대했던 북벌에도 비전을 보여줬다.

유형원은 양란 이후의 조선후기 사회의 현실을 직시하고 평범한 길을 스스로 버림으로써 사대부로서 해야 할 일을 과감히 수행하고자 했다. 이런 점에서 그는 새로운 지식인상을 열어줬다고 할 수 있다. 편견과 고정관념에서 벗어나 자기변혁을 시도하며 주체적인 눈으로 사회현실을 직시한 새로운 지식인이었던 것이다.

비록 그의 계획은 부패에 찌든 관리들이 받아들이지 않아 곧바로 실행에 옮겨지지는 못했지만, 18세기말 이익, 정약용 등 실학자에게 커다란 영향을 미친 조선후기 실학자의 선구자로 일컬어지고 있다.

사대부를 비판하며 서민의 삶을 발견 · 이중환(1690~1752)

당대의 명문 여주 이(李)씨 집안에서 출생한 이중환은 당시 사회에서 누릴 수 있는 최상의 여건 속에서 성장했다.

30대 초반까지 관리로서의 출세도 순조로웠다. 그러나 30대 후반 그에게 예상치 못했던 엄청난 시련이 닥쳐왔다. 이 시련은 이후 그의 인생행로를 완전히 바꿔 놓았다.

그는 병조정랑으로 있던 1723년 처남인 목호룡 사건의 주범으로 체포돼 가까스로 사형은 면했지만 외딴 섬으로 유배됐다. 노론과 소론의 대립이라는 당화(黨禍)에 연루된 것이다. 이후 그는 전국 각지를 유랑하며 여행을 통해 많은 것을 경험하고 깨닫게 된다. 특히 그는 그가 직면한 시대의 현실에 대해 심각하게 성찰한다.

그는 생애의 마지막 순간에 저술한 『택리지』(擇里志)를 통해 이를 표현했다. 비단 자신뿐만 아니라 나라 전체가 당쟁으로 찌들어 있다는 현실을 발견하게 된 것이다. 그는 지난 300년간의 조선왕조 역사를 고찰하며 당쟁과 탕평책에 대해 비판했다. 상대 당파의 눈치도 볼 것 없이 사리사욕만 채우는 사대부들 때문에 염치나 도덕은 회복할 수 없을 만큼 손상됐다는 것이 그의 현실진단이었다.

그런데 그의 비판은 현실에서 물러난 한 개인의 불평불만에 그치지 않았을 뿐만 아니라 자신이 속한 당파의 입장을 정당화하기 위해 노력하지 않았다는 점에서 주목된다. 그는 개인적인 원한과 고통을 정신적으로 극복한 것이다.

그는 사대부가 진정 살만한 곳을 찾아헤맸다. 그러나 그는 어디에서도 그런 곳을 발견할 수 없었다. 그가 방방곳곳에서 보았던 것은 당쟁으로 피폐된 현실뿐이었다. 사대부가 살만한 곳을 찾아헤맨 과정에서 그가 발견한 현실은 참담함 그 자체였다.

그가 『택리지』에서 논의한 인심은 결국 사대부들의 인심이었다. 따라서 그는 인심이 좋은 곳을 찾아 헤매기보다는 차라리 사대부들이 살지 않는 곳을 택해 사는 것이 더 낫다고 하면서 노장의 세계를 찾기도 하였다.

그러나 죽기까지 30년간의 전국 여행을 통해서 우리 나라의 곳곳을 살필 수가 있었던 그는 서울의 사대부 세계에서는 결코 가질 수 없는 또 다른 인생의 참뜻과 새로운 사회관에 눈뜨게 된다.

그가 이상으로 삼았던 사대부의 세계가 도저히 어찌해볼 수 없을 정도로 타락했다는 사실과 자신이 생각한 모든 이상과 가치가 사라졌다고 느꼈던 절박한 순간에 또 다른 세계의 모습이 보이기 시작했던 것이다. 그것은 바로 지방의 변화상과 서민들의 생활모습이었다.

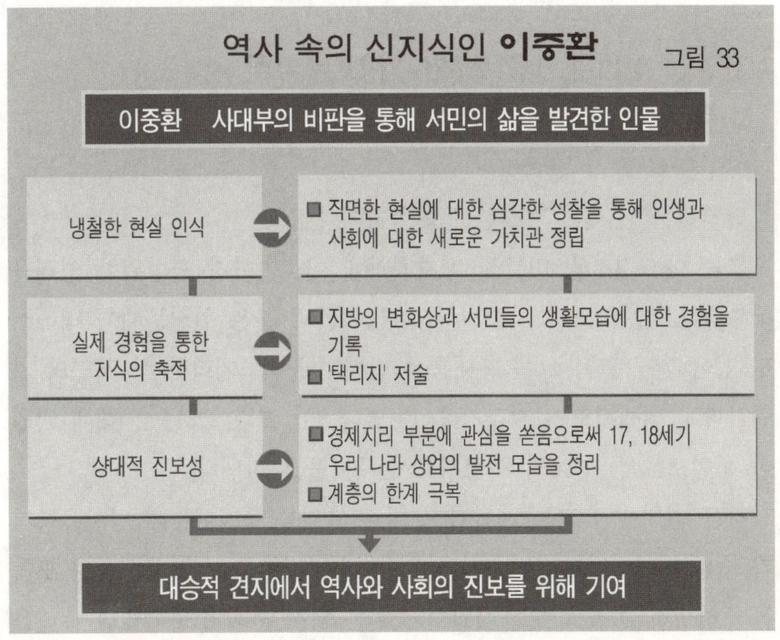

『택리지』는 그의 내면적 변화를 구체적으로 보여준다. 살아 움직이는 장터의 모습, 포구와 선원의 모습, 청나라와의 교역으로 거부가 된 사람들의 모습 등 모든 것이 그에게는 경이로운 모습으로 비춰졌으며 신선하게 느껴졌던 것이다.

조선시대 명문의 한 사대부 중에서 서민 세계에 대해 이러한 기록을 남긴 사람은 없다. 사대부의 의식세계에서 잠시나마 벗어난다는 것 자체가 그만큼 어려운 시대였던 것이다. 그는 당시 사대부들의 관심밖에 있던 경제·지리부분에 관심을 기울였다. 이를 통해 그는 17~18세기 우리 나라 상업 발전의 모습을 극명하게 보여줬다.

그는 자신이 속한 계층의 한계밖에 있는 사회현상을 내다 봤다는 점에서 당시의 사대부들보다 혁신적인 인물이었다.

진정한 선비의 길을 추구한 이용후생학자
· 박지원(1737~1805)

박지원은 18세기 걸출한 문인학자이다.

그는 유교경전을 비롯해 제자백가에 이르기까지 광범위한 영역을 공부했다. 그는 당시 병농전곡(兵農錢穀)과 같은 현실문제에 대해서도 깊이 연구했다. 그는 홍대용과 함께 천문학, 지리학 등 서양의 자연과학에 대해서도 일찌감치 눈을 떴다. 이 결과, 그는 20대에 탁월한 문인으로서, 진보적 사상가로서 두각을 나타낸다.

악을 멀리했던 그는 해학과 유희로 그것을 풍자했는데 양반유학자가 주된 대상이었다. 20대에 지은 '양반전', '학문을 팔아먹는 큰 도둑놈', '허생전' 등을 비롯한 9편의 소설은 당시 사회의 불합리한 측면을 날카롭게 비판했다. 선비인 체하면서 권세와 이익만을 추구하는 자를 풍자하면서 진정한 선비를 꿈꿨던 것.

그의 명성은 30대에 이르러 일세를 풍미한다. 이에 따라 박제가 등 청년학자들의 존경을 받아 스승으로 활약했다. 그는 이덕무, 유득공, 이서구 등과 밤낮으로 학문을 토론하고 당시 세도가들과 위선자들을 용서 없이 야유, 비판했다. 그는 또 벼슬아치들의 사람 사귐이 오로지 자기 당파로 끌어들이기 위한 목적에 있다는 것을 알고 초연히 세상에서 벗어나려는 뜻을 품었다. 그는 과거시험에 응시하는 것조차 달가워하지 않았다.

마침내 그는 1777년 당시 권세가인 홍국영의 미움을 받게 되자 개성 연암골로 은둔한다. 여기에서 그는 이용후생학에 관심이 없는 사대부들을 비판하면서 스스로 그것을 실천했다. 황무지 개간, 목축, 농민문제 등 일찍부터 지니고 있던 경제에 대한 관심을 구체적으로 표현한 것이다. 실제로 그는 늙은 농부의 농사경험과 농서를 깊이 연구했다. 이것이 후일 『과농소초』(課農小抄)로 탄생한다.

이후 1780년 중국을 여행한 박지원은 대의명분에 따라 청의 문명을 이적시하는 당시 학자들과는 달리 청의 문물, 과학기술을 주의 깊게 관찰하고 많은 외국학자들과 광범위한 토론의 기회를 가진다. 귀국 후 그는 이용후생에 도움이 되는 청의 문명을 배워오자고 주장했다. 유명한 『열하일기』(熱河日記)가 그의 이러한 북학사상을 표현한 중국여행기이다.

그는 경제생활을 무시하고 무조건 도덕만 강조하는 당시 유생들을 비판했다. 경제가 있어야 도덕도 있을 수 있다는 것이다. 그래서 그는 이용후생을 위해 우선 과학기술을 발전시켜야 하고 이를 위해 청나라의 선진과학기술을 배워오자고 주장했다. 그는 수레와 선박을 이용해 국내 상업과 대외무역을 발전시켜야 한다고 역설했다. 또 화폐제도의 정비도 강조했다. 이는 당시 성장 중에 있던 상인층과 수공업자들의 견해를 대변한 것이다.

그는 농민에게도 관심을 가지고 있었다. 단순히 기술발전만으로는 농업 발전을 기대하기 어렵다고 판단한 그는 농민들이 토지를 균등하게 소유하도록 하는 '한전론'을 주장했다. 이 역시 농촌경제의 당시 실태를 정확히 인식한 결과다.

그는 이러한 개혁에 있어서 양반 사대부들에게 아무런 기대를 걸지 않았다. 생산노동이나 경제생활을 외면하고 전통적 생활 형식에 매달려 자신들의 몰락을 은폐하려는 양반들의 태도를 접한 그는 양반 계급이 불가피하게 멸망하고 말 것이라고 내다봤다. 뿐만 아니라 그는 농민이나 상인들 역시 자신의 염원을 실현시켜줄 세력으로 기대하지

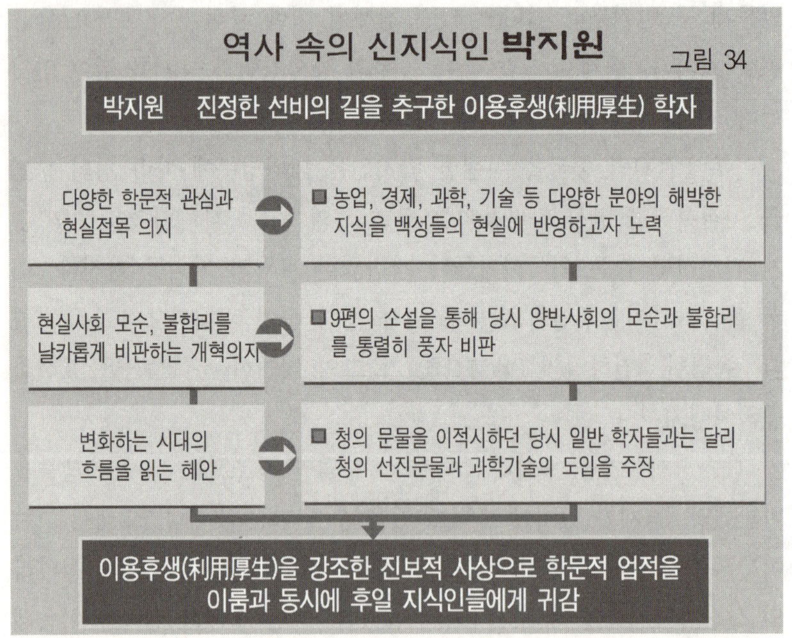

않았다.

그는 허생과 같이 기재를 지닌 양심적 지식인으로서 고독하게 숨어 살면서 세상을 개탄할 수밖에 없었다. 그러나 그의 사상은 개성의 지식인이나 개항기의 지식인들에게 커다란 영향을 끼쳤다. 또한 오늘날에도 자신이 쌓은 다방면의 지식을 현실개혁에 적용하고자 부단히 노력한 조선후기의 대표적 신지식인으로 자리매김하고 있다.

상업을 강조한 서얼출신 실학자 · 박제가(1759~1805)

박제가는 박지원의 영향을 많이 받은 18세기 후반의 실학자이다.

그는 양반가문의 서자로 태어났다. 때문에 서얼이라는 사회적 차별 대우를 받게 된다. 또 11살에 부친을 잃은 그는 모친의 노동으로 생활을 연명해 나가야 했다. 이런 과정을 거친 그는 소년시절부터 시문에 능해 청나라에까지 이름을 떨치게 된다.

한편 임오군란 후 신분질서가 문란해짐에 따라 서얼의 사회적인 지위는 점차 향상됐다. 영조와 정조 시대에는 서얼도 하급관리가 될 수 있는 길이 열렸다. 이에 따라 그는 1779년 규장각의 초대 검서관이 된다. 그는 국내 학자들과 널리 사귀면서 학문연구에 몰두하는 동시에 4차례에 걸친 중국 여행을 통해 청나라의 건륭문화를 대표하는 여러 학자들과도 교류할 수 있었다.

이러한 기회를 통해 그는 청의 문화와 생활을 각 방면에서 관찰하고 이용후생에 필요한 선진적인 기술과 도구를 연구했다. 이를 바탕으로 지은 것이 『북학의』이다. 이를 통해 그는 북학파의 대표적인 인물로 일컬어진다. 그는 청의 문물제도를 배워 생산기술과 도구를 개

선하고 국내 상업과 외국무역을 장려하는 것이 국가를 부강하게 만드
는 첩경이라고 주장했다.

그는 당시의 도시 중에서 가장 상업이 발달한 서울에서 성장했다.
따라서 그는 일찍부터 국내 상업과 외국무역의 이점을 간파할 수 있
었다. 때문에 그는 농업에 중점을 둔 다른 실학자들과는 달리 상업의
우위를 강조했다.

당시 낡은 주자학자들은 물론 진보적인 실학자들조차도 상업에 종
사하는 것을 악덕으로 여기는 분위기였다. 이들은 '사농공상(士農工
商)'을 주장하며 상업적인 이윤추구를 윤리적으로 천시하였을 뿐만 아
니라 경제적으로도 위험시했다.

그러나 그는 이러한 견해를 정면으로 반박하고 이익을 추구하지 않
는 것이 오히려 걱정이라고 주장했다. 그가 말하는 이익은 당시 사대

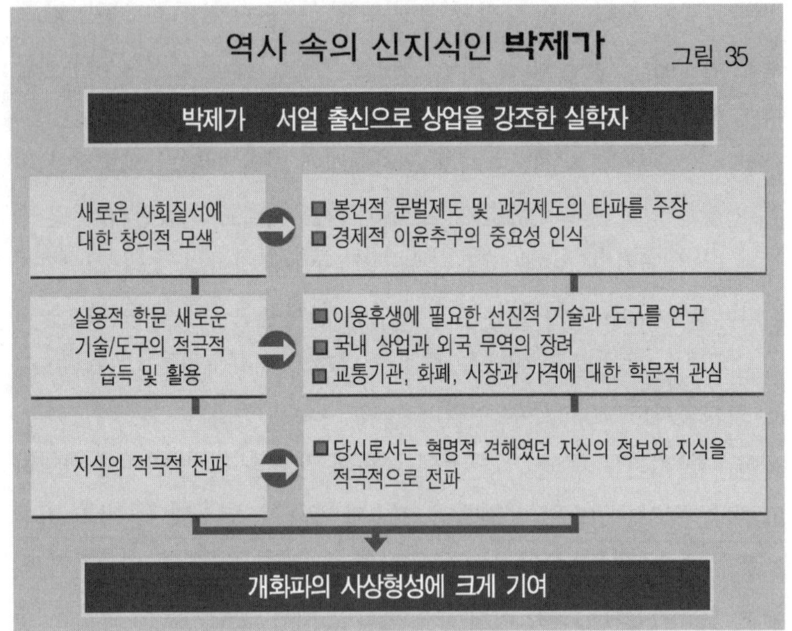

부들이 가장 미워하던 상업적 이윤을 의미한다. 이러한 그의 견해는 당시로는 실로 혁명적인 것이었다.

그는 이미 상업의 긍정적인 면을 확실히 알고 있었을 뿐만 아니라 상업이 발달하면 다른 산업도 더불어 발달한다고 믿었다. 이에 따라 그는 교통기관, 화폐, 수출과 수입, 시장과 가격문제 등을 주장했다.

특히 그는 무엇보다 먼저 전 인구의 절반이나 되는 비생산적인 양반들을 도태시켜 상업에 종사시켜야 한다고 생각했다. 이는 봉건적인 문벌제도와 과거제도를 타파하고 경제와 시무에 밝은 실학자들을 진출시켜야 한다는 의미이다.

또한 그는 청의 문물을 배워야 한다는 북학이 곧 북벌을 실현하는 최선의 길이라고 주장하면서 사람들을 설득시키려고 노력했다.

그러나 중상정책을 주장하면서 양반중심의 신분제도를 개혁시키려고 한 그의 주장은 받아들여지지 않았다. 당시 집권세력의 이익과 배치되는 것이기 때문이다. 이로 인해 그는 외국학자들과의 교류마저 제한된 것은 물론 정조 사후 신유사옥에 연루돼 유배되는 등 당쟁에 따른 피해까지 겪었다.

그럼에도 불구하고 그의 사상이 박지원과 함께 개화파의 사상형성에 커다란 영향을 입혔던 것은 주지의 사실이다.

어류연구를 통해 인본주의적 이상을 추구 · 정약전(1758~1816)

정약전은 위대한 실학자의 한사람인 정약용의 형이다. 그러나 그의 일생은 성공보다는 실패에 가깝다고 할 수 있다.

정약전은 20대에서 40대에 이르는 동안 유교적 이치를 폭넓게 탐

구하면서 주자학 위주의 학풍에만 만족하지 않고 서학을 연구했는가
하면 나아가 유클리드의 정밀한 기하학의 세계를 깊이 알고자 한 인
물이다.

또한 그는 현실과 일정한 거리를 두고 조용히 살아가고자 했으며
관직에도 적극적이지 않았다. 아울러 그는 권력에 아첨하는 세태를
매우 비판했다. 따라서 그는 입신출세나 지향하는 당시의 학문태도를
지양하고 진실을 추구하기 위해 부단한 노력을 기울였다.

뿐만 아니라 그는 학문을 배우는데 그치지 않고 가르침대로 살아가
려고 노력했다. 서양의 천주교에 대해 지적인 호기심만을 보인 것이
아니라 깊이 공감하고 빠져들어 갔던 것.

그러나 이러한 사상적인 모색은 그에게 엄청난 희생을 초래한다.
1801년 신유사옥으로 흑산도로 유배돼 그 곳에서 외롭게 생애를 마

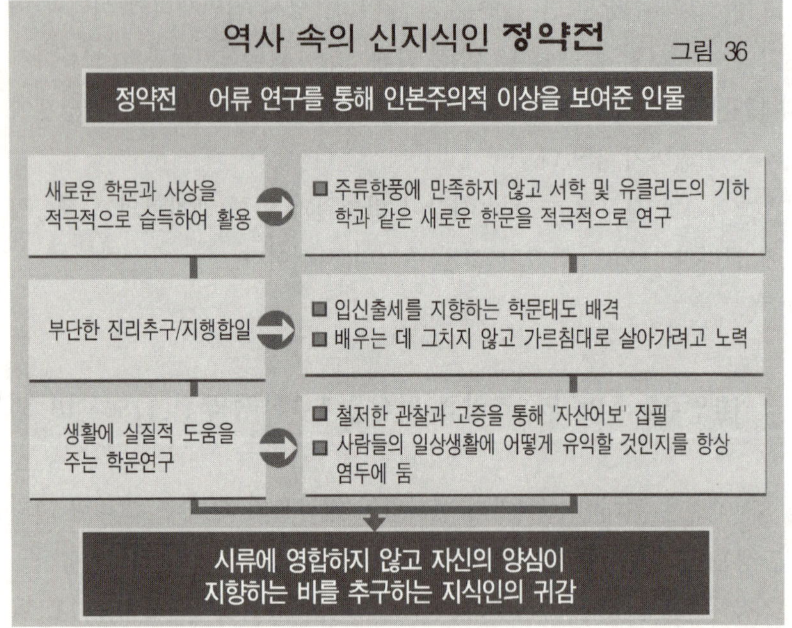

감해야 했다.

하지만 그는 외딴 섬의 격리된 삶 속에서도 바다와 물고기에 대해 많은 관심을 가졌다. 모든 것이 단절된 그 곳에서 그는 새로운 학문적·사상적 모색을 시도했던 것. 그 결과가 바로 『자산어보』이다.

그는 이 책에서 바다생물을 4종류로 분류하고 각종 어류에 대해 상세히 서술했다. 그는 중국이나 우리 나라 고전 등 방대한 기록의 조사와 치밀한 고증을 토대로 이 책을 저술했다.

그는 단순히 어류를 조사 연구한 것만은 아니다. 그는 어류에 대해 조사하면서도 사람들의 일상생활에 어떠한 도움을 줄 수 있는가를 항상 염두에 두고 있었다. 이는 당시의 이용후생학적인 실학사상이 어류 연구에 반영된 구체적인 증거라 할 수 있다.

따라서 우리 나라 최초로 어류형태를 조사·분류한 『자산어보』는 생태학적 측면 뿐아니라 인본주의적 측면에서도 의의를 둘 수 있다.

그는 결코 어류학자를 꿈꿨던 사람은 아니었다. 더욱이 자산어보라는 책을 소일거리로 쓴 것도 아니었다. 그는 흑산도의 망망한 바다와 그 속에서 자유롭게 어울려 사는 수많은 어족들을 연구하면서 다양한 생각을 지닌 사람들이 한데 어울려 살 수 있는 이상향을 그리려고 했던 것이다.

그는 절박한 상황 속에서도 사색을 멈추지 않았다. 그는 격동하는 조선후기의 역사 속에서 시류에 영합하지 않고 자신의 양심이 지향하는 바를 추구하려고 노력했던 신지식인이었다.

지도제작을 통해 경세치용을 주장 · 김정호 (?~1866)

김정호는 전혀 알려지지 않은 수수께끼의 인물이다.

그의 생애에 대해서는 물론 가계나 태어난 해, 그의 자손들에 대해서조차 하나도 정확하게 알려진 것이 없다.

황해도에서 태어나 서울로 옮겨서 살았다는 것이 알려진 전부이다. 개성 출신의 서울 지식인이었던 최한기가 그의 벗이었다는 사실이 그것을 확인해준다. 또한 지도제작 방법을 습득하는 과정에서 최한기의 조언이 있었다는 점은 김정호가 일찍부터 서양의 과학에 관심을 갖는 등 실학적인 학풍을 갖추고 있었음을 말해 준다.

그는 어릴 때부터 지리학에 뜻을 두고 오랫동안 지리학 관련 서적을 읽었다. 여기에는 기존의 지리서에 대한 그의 불만이 크게 작용했다. 조선후기에 들어와 크게 유행한 역사지리학파의 연구는 기존의 지리서에 지도를 덧붙였다. 그러나 그것은 지리서를 보완하는 기능에 머물렀다.

따라서 그는 지리서의 보충적인 기능을 하는 지도가 아닌 지도 그 자체의 제작에 관심을 가졌다. 그는 이러한 지도제작을 위해 각고의 노력을 기울였다. 그의 지도제작은 기존의 지방관이나 중앙정부 차원에서 이뤄진 것이 아니라 한 개인의 작업과 연구를 통해 얻어낸 결과하는 점에서 더욱 주목된다. 실제로 그는 지도제작을 위해 백두산과 제주도는 물론 전국곳곳을 몸소 누비고 다녔다.

그가 첫 번째로 제작한 지도는 '청구도'였다. 그는 이 지도에서 경위선을 사용하는 한편 역사적 경계까지 분명히 나타내는 등 역사지도로서의 기능도 겸했다. 그러나 그는 한번의 작업으로 지도제작을 끝내지 않았다. 지도작성의 좋고 나쁜 점을 가려내고 한가할 때는 끊임없이 사색을 했다고 한다.

따라서 그의 작업은 '청구도'가 가진 부족함, 곧 실생활에 필요한 여러 가지 설명을 덧붙이는 작업으로 이어졌다. 이에 따라 그는 '대동지지'라는 새로운 지도를 제작했다. 이 지도는 전국 지방지도인 '신증동국여지승람'과 비교해 만든 것으로 지리서의 기능을 대신하도록 했다.

그러나 그는 여기서 멈추지 않고 계속해서 '대동여지도'를 만들었다. 그는 이 지도를 만들면서 지리서가 가지고 있는 국가적 기능을 강조하고자 노력했다. 세상이 어지러운 때에는 외침이나 내란을 막을 수 있고 세상이 태평할 때에는 나라를 경영하고 백성을 다스리는 데에 도움을 주고자 한 것이다.

실제로 '대동여지도'는 스물 두 장을 첩으로 만든 것이었으나 일일이 붙이면 우리 나라 전도가 된다. 이 전도에는 우리 나라의 도로,

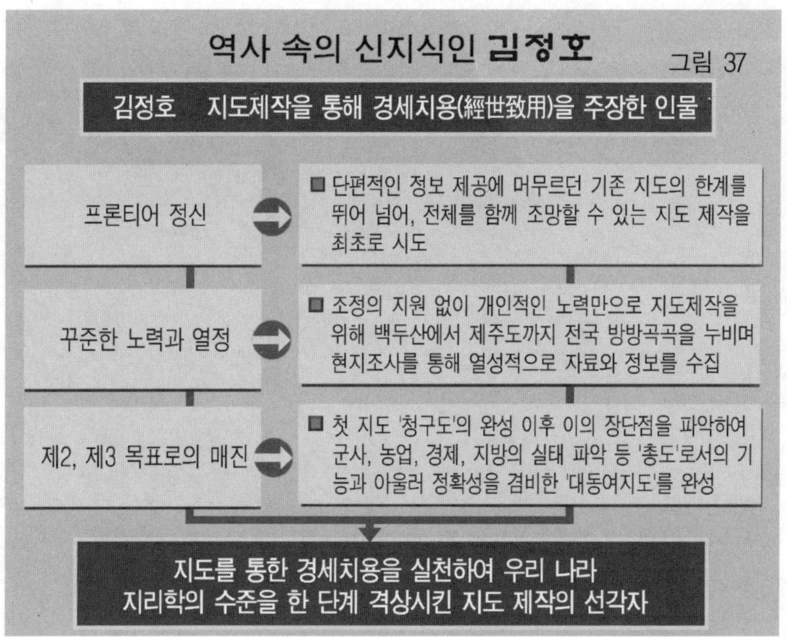

산, 강 등이 연결되고 각 지역의 위치가 그대로 나타난다. 통지와 지방지의 기능을 겸한 것이다.

특히 이 지도는 오늘날까지 참고할 수 있을 정도로 정확도가 매우 높다. 따라서 지도를 통해 경세치용을 펼치고자 한 그의 노력을 살펴볼 수 있다.

그러나 그의 이러한 노력은 당시 집권세력에 의해 철저히 배척됐다. 심지어 그의 지도를 받아본 대원군은 나라의 기밀이 누설될 위험이 있다는 이유로 그를 옥에 가둬버렸다. 그만큼 그의 이러한 노력은 당시 사회에서 제대로 인정받지 못했다.

그러나 그는 그러한 역경을 무릅쓰고 역사의 뒤안길에서 사회 발전의 기초를 다지는데 힘쓴 인물이었다.

중인기술관 신지식인

중인기술관의 특성과 한계

중인기술관이 소유한 지식의 성격과 행동 특성은 다음과 같다.

첫째, 중인기술관이 소유한 지식은 규범적·윤리적 지식이라기보다는 실용적 지식, 경험적·도구적 지식의 성격이 강하다. 또 비정치적이고 탈이념적인 특징을 갖고 있었다. 이는 실용적·실천적 지식을 추구하면서도 자주 정치성을 띠었던 실학파 지식인의 지식과는 대조적이다.

둘째, 중인기술관은 기본적으로 관료라는 점에서 국가 운영에 필요한 지식을 제공하는 존재였다. 그러나 의관이나 음양관, 화원 등 분야에 따라서 국가 업무와 관계없이 개인적으로 활동할 수 있는 여지가 있었다. 이는 그들이 소유한 지식이 국가뿐만 아니라 일반인들에게도 절실하게 필요한 것이었기 때문이다. 게다가 관료이면서도 그들의 관직이 한 자리에 여러 명이 돌아가면서 복무하는(동시에 급료도 나누어 받는) '체아직(遞兒職)' 성격을 지니고 있어 공무 이외의 활동이 허용되었던 데에도 이유가 있었다.

셋째, 중인들은 행정 실무에 종사했기 때문에 언행이 세련되고 생활이 깔끔했으며 유연한 대인관계를 특징으로 한다. 또 관료이면서 개인적으로 생업활동을 겸할 수 있었기 때문에 경제 생활에도 익숙했다. 때문에 이들은 사회변화에 대한 적응력도 높았다고 할 수 있다.

넷째, 중인들 중에는 경제적 성공을 거둔 인물도 적지 않다. 현대적으로 해석하자면 경제적 측면에서 부가가치를 획득한 것으로 이해할 수도 있다. 그러나 이들이 부를 축적한 원천은 대부분 자신들의 특권적 지위를 활용한 것이었다. 따라서 이들의 행동은 근대적인 자본가적 행동양식으로 발전하지 못했을 뿐아니라 많은 경우 윤리적 문제점을 안고 있었다.

이상에서 살펴본 바와 같이 중인기술관은 소유한 지식이 행정 실무나 구체적인 일상생활과 직결되는 지식이라는 점에서 양반 신분보다 '신지식인'의 이미지에 근접한다고 할 수 있다. 특히 허준, 이제마 등 일부 의관들의 경우는 자신을 생체실험의 대상으로 삼기도 할 정도로 왕성한 실험 정신을 보여주기도 했다.

그러나 이런 사례는 다소 예외적인 것일 수 있다. 일반적으로 중인기술관들은 자신들의 처지에 대한 불만에도 불구하고 현실에 안주하는 경향이 있다. 바로 이러한 특성이 오늘날 바람직한 '신지식인'상과 대비해 볼 때 중인기술관이 갖는 한계였다고 할 수 있다.

중인기술관의 사례

국민의료와 의학 발전 모색한 서얼출신 의사
· 허준 (?~1615)

허준은 무반집안의 중인신분이다.

게다가 그는 서자로 태어났다. 따라서 양반중심의 엄격한 유교적 신분질서 하에서 그가 출세할 길은 극히 제한돼 있었다. 결국 그는 새로운 길을 모색하고자 서울을 벗어나 지방으로 낙향했다.

그는 당시 백성들의 고통을 함께 하고 있던 의사 유의태를 만남으로써 인생의 지표를 잡게 된다. 그는 의학연구를 위해 의과에 합격해 내의원에 근무하게 된다. 이 곳에서 그는 중국이나 조선의 의학서를 광범위하게 독파할 수 있었다. 그는 이러한 연구를 통해 나름대로 의학이론을 세우고자 노력했다.

임진왜란과 정유재란은 의사로서의 그가 활동할 수 있는 공간을 마련해 줬다. 양란으로 인해 많은 사람들이 질병으로 죽어갔기 때문이다. 따라서 선조는 가난한 농민들도 유용하게 쓸 수 있는 의학서적의 편찬을 그에게 명했다.

허준은 새로운 의학서의 간행을 위해 의학사상의 기초가 되는 도교와 정신이론에도 몰두했다. 이 결과, 그는 『동의보감』(東醫寶鑑)이라는 독창적인 의학서를 저술했다.

동의보감은 여러 가지 의의를 지닌다. 첫째, 의술이 특정 신분만을 대상으로 한 것이 아니라 가난한 백성들에게도 유용하게 쓰여진다는 것이다.

둘째, 종래 중국중심의 의학에서 벗어나 우리 체질이나 풍토에 맞는 의학이론을 완성했다는 것이다. 이는 훗날 우리 나라 의학발전의 기초를 마련했다는 의미를 지닌다.

셋째, 이 책은 질병에 대한 단순한 치료에 그친 것이 아니라 질병의 원인을 제거하기 위한 정신수양이나 섭생을 강조했다. 이러한 까닭에 그는 전염병의 예방과 치료에도 깊은 관심을 가졌다.

마지막으로 이 책은 단순히 이론에 그친 것이 아니라 그의 오랜 임상경험을 토대로 하고 있다는 것이다. 이 책을 통해 치밀하고 철저한 그의 학문태도를 엿볼 수 있다. 이러한 사실은 이 책이 그가 죽기 5년 전에야 완성됐다는 사실이 말해준다.

이와 같이 백성을 대상으로 하는 의술과 우리에게 맞는 의학을 강조한 그의 노력은 여러 번 어려운 고비를 넘겨야만 했다. 양란 후 공

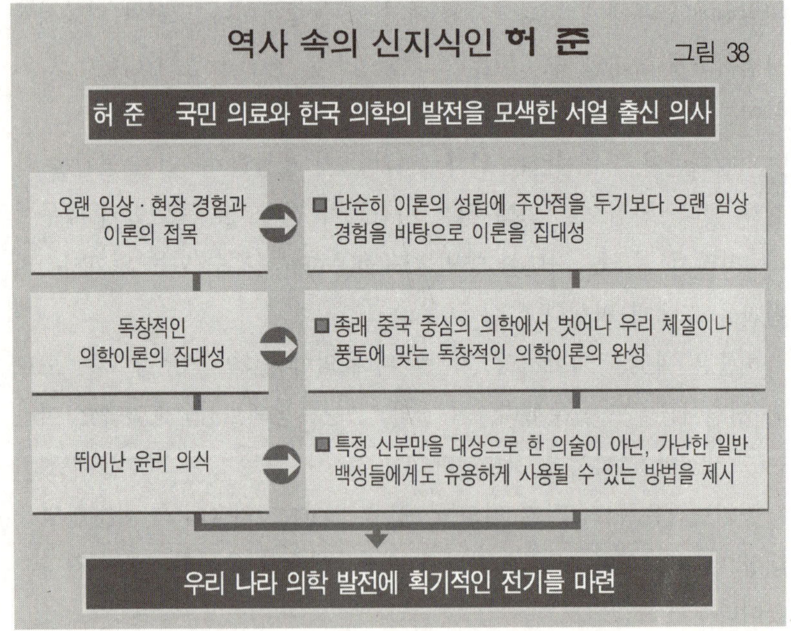

신으로 책봉되자 그가 중인이었다는 이유만으로 양반들의 거센 반발
에 부딪혔다. 또 선조의 죽음과 연루돼 유배되는 등 평생 어려운 삶을
살아야만 했다.

그러나 숱한 고난을 이겨내고 완성된 『동의보감』은 이제마의 말처
럼 우리 나라의 의도(醫道)가 부흥되는 기반을 마련했다.

한국화를 추구한 화가 · 김홍도(1745~1806)

김홍도는 화원이었다.

그의 조상은 하급무관출신으로서 중인이었다. 집안에서 화원이 배
출된 것은 그가 처음이었다. 그림이 사소한 것으로 치부됐던 성리학
중심의 양반사회에서 그의 그림솜씨는 타고난 것이었다.

그러나 그는 평범한 중인신분 화원의 한계를 벗어나고자 노력했다.
김홍도의 자호 가운데 단원이란 명나라 선비화가인 이유방의 그것과
동일하다. 이는 곧 고매하고 학식 높은 문인화가로 살겠다는 의지를
표명한 것이다.

아울러 사능이란 자호도 '선비만이 물질적인 것에 좌우되지 않고 변
함없이 올바르게 처신할 수 있다'는 뜻을 담고 있다. 그는 중인신분이
었으나 사대부로서 누구에게도 뒤지지 않는 교양을 갖추려고 노력했
던 것이다.

그는 그림뿐만 아니라 글씨도 잘 썼다. 또 문학 면에서도 앉은 자리
에서 운을 맞추어 한시를 지을 만큼 도도했다. 더욱이 대금과 거문고
에 능해 음악가로도 이름을 날렸다. 그는 이렇듯 시, 글씨, 그림, 음
악 등 여러 방면에 고루 교양을 갖추기 위해 노력했다.

중인이라는 신분적 한계와 단지 환쟁이라는 처지를 넘어서 사대부와 같이 움직이고자 했다. 그러므로 그가 함께 어울렸던 인물들은 당대를 주름잡던 예술인, 학자, 고관 등이었다.

이처럼 그는 여느 화원과는 달랐다. 그는 20대에 중앙화단에 두각을 나타내면서 도화서에 들어갔다. 이 때 그는 정조의 특별한 사랑을 받으면서 남부럽지 않은 궁중화가의 반열에 올라설 수 있었다. 그는 의궤와 같은 기록적인 그림을 그리는 일상업무 대신 임금을 지척에서 모시면서 어명에 따라 특정한 그림을 그릴 수 있었다.

그는 정조가 제왕학의 핵심으로 공부해온 '대학'을 주제로 그린 공부자시의도, 오륜행실도와 같은 중요한 책의 삽화나 사도세자를 위한 용주사 대웅보전의 불화는 물론 세 차례나 임금의 초상화를 그렸다.

또한 정조가 보고 싶어했던 금강산의 명승이나 단양팔경 등도 직접

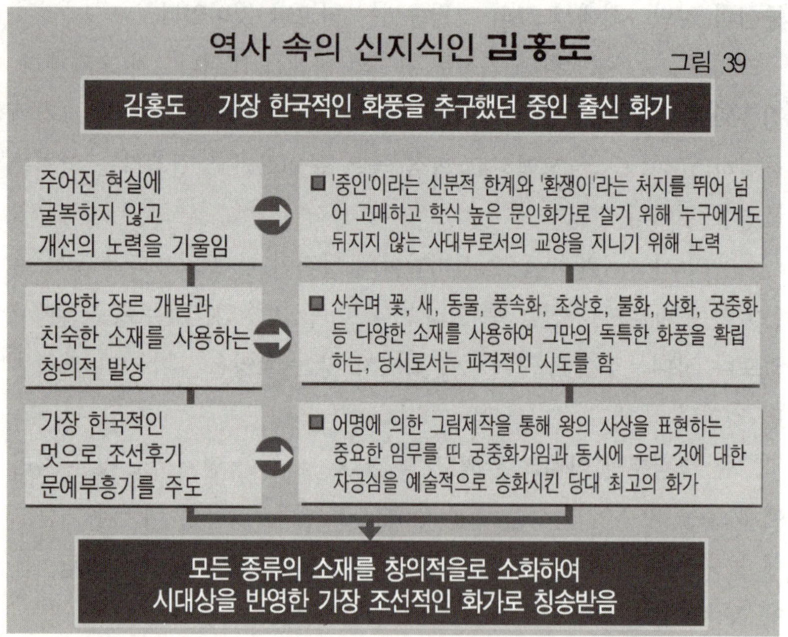

견문을 통해 그림으로 옮겼다. 무엇보다 그는 어명에 의한 그림제작을 통해 왕의 사상을 표현하는 중요한 역할을 수행했던 화가였다.

산수며 꽃, 새, 동물, 풍속화, 신선, 초상화는 물론 심지어 불화에서 삽화에 이르는 온갖 종류의 그림을 잘 그렸던 그는 흔히 가장 조선적인 화가로 일컬어진다. 그는 그림을 잘 그렸을 뿐 아니라 무엇을 그려도 우리 맛이 우러나게 그려냈다.

그는 또한 그림을 통해 자신이 살고 있던 시대를 반영하고자 노력했다. 조선후기 문예부흥기로 일컬어진 시대의 낙천적인 분위기를 그림에 반영했던 것. 그의 그림에는 세상의 태평한 기상이 스며 있는 것은 물론 자기 문화를 존중하던 시대의 자긍심이 깃들여 있다. 때문에 여느 화가들보다도 여유롭고 해학적인 기질을 자신의 그림에 드러냈다. 우리는 그의 그림을 통해 아름답고 평화로웠던 옛 우리 조상들의 모습을 볼 수 있다.

이는 김홍도의 예술적 삶인 동시에 그 시대를 함께 살았던 우리 조상들의 삶 그 자체였다. 김홍도의 화풍은 당시는 물론 19세기 전반의 여러 화가들에게 지대한 영향을 끼쳤다.

이 점에서 그는 우리의 옛 화가 중에서 일반국민에게 가장 친숙한 작가가 될 수 있었다.

사상의학 수립하고 가난한 이들에게 인술 베푼 의사

·이제마(1837~1900)

광해군 때 우리 나라 의학의 부흥을 마련해준 허준의 학문은 300년 뒤 이제마에 의해 다시금 빛을 발하게 된다.

이제마 역시 허준과 마찬가지로 서자 출신이었다. 또한 그는 허준이 진주에서 의술을 공부했던 것처럼 서울이 아닌 함경도 함흥 출신이었다. 비록 서자 출신들도 규장각에 들어가는 등 조선후기에 들어와서는 활동의 폭이 넓어졌다고는 하지만 아직까지 그의 활동에는 제약이 따랐다.

그의 집안은 비교적 넉넉하였던 것 같다. 따라서 그는 자신의 신분적인, 지역적인 제약에서 오는 차별을 극복하기 위해 이모저모로 노력했던 것 같다. 그는 어릴 때에는 무관으로 출세하겠다는 꿈을 갖고 있었다. 그러나 그는 중인이 일반적으로 추구했던 길을 버리고 새로운 길을 모색하고자 노력했다. 그의 끊임없는 방랑벽도 이러한 노력의 결과일 수 있다.

그는 방방곡곡을 돌아다니면서 백성의 어려움을 경험한다. 이러한 경험을 토대로 그는 백성을 위해 무엇을 하는 것이 바람직한가를 생각했다. 또한 그는 만주로 건너가 새로운 변화가 일어나고 있는 청나라의 모습도 엿볼 수 있었다.

이후 그는 의주의 한 부호 집에서 학문연구에 매진한다. 이를 통해 그는 유교에 대해 비판적인 태도를 가지게 된다. 기존의 주자학을 비판한 글을 쓴 한석지를 스승으로 삼았던 그는 새로운 성리학 이론으로 제자를 기르고 있던 기정진을 만나러 멀리 장성까지 내려오기도 했다.

이는 양반중심의 유교사회를 비판한 그의 확고한 입장을 세우기 위한 것이었다. 즉, 현실사회에 대한 그의 비판과 당시 사회에 대한 식견이 반영된 것이다.

그는 조정에 발탁돼 어릴 적 꿈꿨던 무관벼슬에 오를 수 있었다. 그러나 그는 당시 정치의 흐름에 실망하고 의학공부에 매진하게 된다.

그는 고향 함흥을 방랑하면서 만났던 수많은 병든 백성에게 관심을
가지기 시작했다. 그는 이를 위해 자신의 몸을 실험대상으로 삼은 것
은 물론 약초를 찾아 산과 들을 헤매기도 했다.

　마침내 그는 『동의수세보원』을 저술해 고향 함흥으로 돌아가게 된
다. 『동의수세보원』은 바로 그의 독창적인 사상의학이 담긴 책이다.
그는 사람의 체질을 태음, 소양, 태양, 소음으로 나눠 병리를 규명해
나갔고 그에 따른 처방을 마련했다.

　그는 또 병은 희로애락에서 나오는 것이라고 생각하고 그것을 억제
하거나 발산하는 따위 인간 수양에 초점을 맞췄다. 아울러 자연과 인
간과의 관계에도 깊은 관심을 가졌는데 그의 의학은 자연에 내재한
힘을 인생과 결부시켜 변용한 것이다.

　노년에 고향으로 돌아온 그는 약국을 개설한다. 그의 약국에는 병

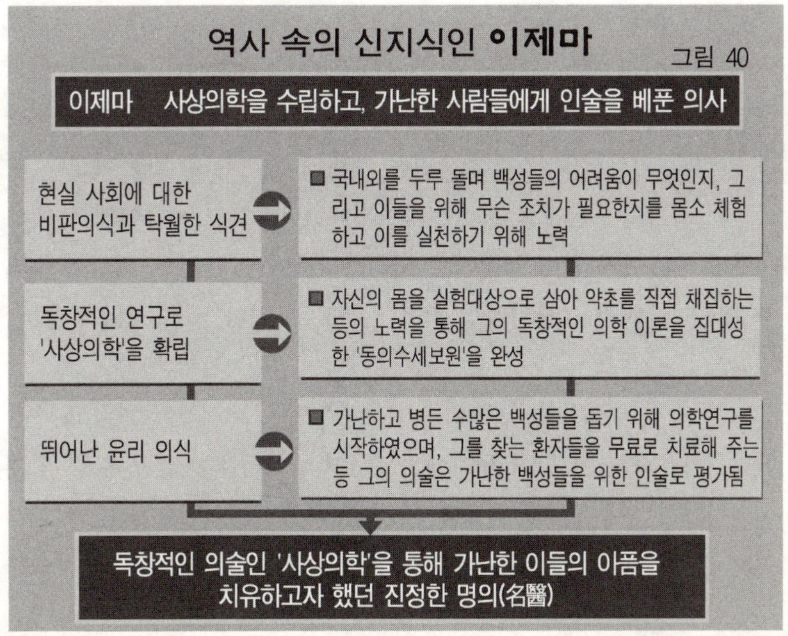

자들이 들끓었다. 그 병자들은 대개 가난해 약 한 첩 쓸 수 없는 사람들이었다. 그는 밤낮을 가리지 않고 이들을 돌보았다. 그에게 찾아오는 병자들은 거의가 무료였다.

그의 의술은 가난한 병자에게 베푼 인술이었다.

일생을 바친 의학과 국문연구 · 지석영(1855~1935)

지석영은 조선후기 철종 대에 태어나 일제시기를 살았던 인물이다. 가난한 중인집안의 출신으로 개화사상가인 강위에게서 배웠으며 항상 개화를 주장했던 인물이었다. 국민들에게 우두 접종을 강조하고 한편으로 국문연구에 정열을 쏟아 많은 책을 저술했다. 또 국어사전 편찬에도 힘을 기울였다.

그의 아버지 역시 의술에도 해박한 지식을 가졌지만, 의술에 종사하면 남들이 업신여길지 모른다는 생각에서 포기했다고 한다. 그러나 그는 한역 의학서를 많이 읽으면서 개화에 커다란 관심을 가졌다.

특히 우두종두법에 대한 관심은 지대했다. 그는 스승에게서 배운 종두법이 효과가 없자 부산으로 내려가 일본인 의사에게 직접 종두법을 배웠다. 그것도 모자라서 직접 일본으로 건너가 우두치료법을 익혔다.

그는 숱한 어려움을 무릅쓰고 우두종두법을 실시해야 한다고 주장했다. 이러한 그의 노력 덕분에 1894년 종두규칙이 공포돼 이 땅의 어린이들이 의무적으로 종두를 맞게 됐다. 그는 어려운 환경에서 분연히 일어서 조선 젊은이에게 종두를 접종해 수많은 조선인의 목숨을 구했던 것이다.

그는 1885년『우두신설』이라는 책을 간행했다. 이 책은 그가 수년 간 경험한 것을 토대로 쓴 것으로서 우리 나라 사람이 저술한 최초의 우두서였다. 그는 또 조선 최초의 위생학 관계서적이자 예방의학서인 『신학신설』을 펴내 위생과 질병예방에도 힘썼다.

그의 이러한 저술활동 덕분에 갑오개혁과 함께 위생국이 설치됐다. 이후에도 그는 우리 나라 사람에 의한 의학교과 병원을 만들려고 노력했으며, 특히 전염병 예방에 깊은 관심을 가졌다.

한편 1896년 후반에 들어와서 지석영은 국어연구에도 관심을 기울였다. 국민이 한글을 쓰지 않음을 비판했던 그는 첫 번째 귀양지에서 의학서를 순한글로 썼고 국문학교를 설립해야 한다고 주장했다.

이 결과, 의학교 시험과목에 국문과목이 포함됐다.『신정국문』등 의 저술도 그러한 생각에서 시작된 것이다. 그는 어린이가 읽을 책으

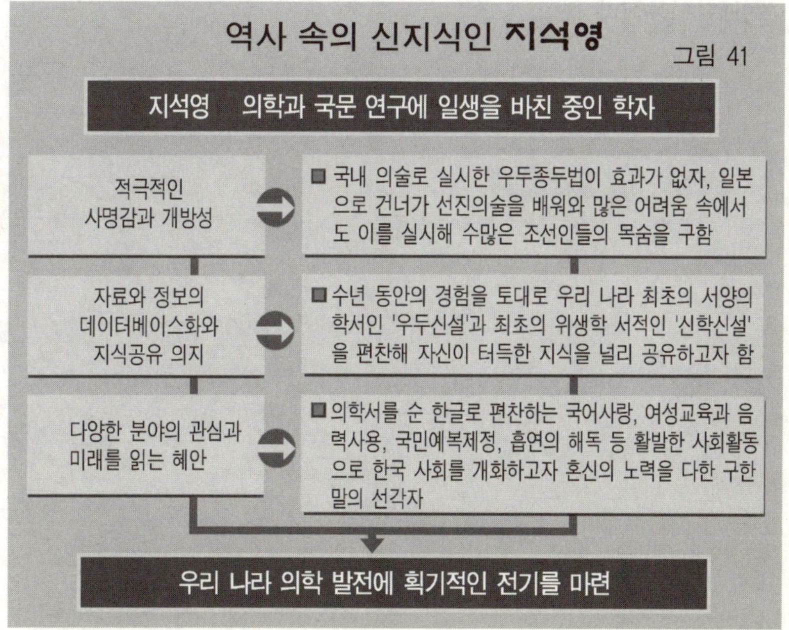

로 국어독본을 새로 편찬하는 등 한글에 대한 일반인의 관심을 제고
시키고자 노력했다.

또한 그는 활발한 사회활동을 통해 한국사회를 개화시키는 데 앞장
섰다. 그는 여성교육, 음력사용, 국민예복제정, 흡연의 해독 등을 주
장해 교육계에서도 명망이 높았다.

그러나 이러한 그의 활동은 일본인의 반발과 견제를 받았다. 1905
년 이후 대한의원이 일본인을 중심으로 운영되면서 소외된 그는 일어
로 의학을 교육하는 것에 대해 반대하기도 했다. 또 1909년 이완용
피습사건으로 구속되면서 일제에 의해 요감시자로 분류됐다. 그는 한
일합방 이후 망국의 설움을 독서로 달래다가 1935년 81세를 일기로
일생을 마감했다.

진실로 그는 선각자로서 우리 나라 의학과 국어발전에 온 정성을
쏟았던 인물이다.

역사에 비춰본 신지식인의 특성

실용적 · 실천적 지식을 추구한다

앞서 우리는 신지식인이란 지식의 내용과 관련하여 이론적 지식과 함께 실용적 · 실천적 지식을 추구하는 특성이 있음을 강조했다. 이는 신지식인은 항상 현실 문제의 해결에 관심을 갖고 있음을 의미하는 것이다.

이것은 또한 신지식인은 '현장' 수준에서, 현장에서 얻은 지식을 바탕으로 문제 해결을 시도하려 함을 뜻하는 것이기도 하다. 그러나 실용적 · 실천적 지식을 추구한다고 해서, 이것이 이론적 지식을 배격하는 것은 아니다.

문제가 되는 것은 이론적 지식에 매몰되는 것이지, 이론적 지식의 추구 자체가 아니다. 오히려 이론적 지식이 실용적 · 실천적 지식의 추구 방향을 제대로 잡아주는 역할을 할 수도 있다.

앞에서 살펴본 실학파 지식인이나 중인기술관, 개화기의 지식인들은 모두 이 실용적·실천적 지식을 추구하는 데 공통점이 있었고, 그 점에서 '신지식인'의 선구적 사례가 될 만했다. 특히 실학파 지식인 중에서는 이론적 지식과 실용적 지식이 잘 조화된 사례를 다수 발견할 수 있다.

전공이나 업무 영역에 얽매이지 않고 자유롭게 지식을 추구한다

학문적 지식이든, 특정 일과 관련된 현장 지식이든 그것이 어떤 분야의 지식이라면 그 때까지 축적된 지식의 항목들로 하나의 체계가 형성되어 있다.

물론 그 체계는 이론적으로는 변동 과정에 있지만, 특정 시점에서는 그 지식 체계 하에서 그것에 의존하면서 일하는 사람들의 행동을 구속한다.

그런데 신지식인은 바로 이 기존 지식 체계의 구속으로부터 벗어날 수 있어야 한다는 것이다. 이러한 자유는 자신의 일을 상대화하려는 자세에서 나오는 것이다. 그리고 그럴 때 기존 지식의 문제점을 인식할 수 있다.

기존 지식이 갖고 있는 결함을 해소하기 위한 유력한 방법의 하나는 보통 다른 영역의 지식을 창조적으로 활용하는 데서 찾아볼 수 있다. 이렇게 하기 위해서는 평소 자기 일과 직접 관계가 없어 보이는 영역에 대해서도 관심을 갖고, 그 영역의 지식을 언제라도 수용하려는 개방적인 자세가 필요하다. 때로는 이 기회가 우연적으로 찾아올 수도 있는데, 이 때 기회를 놓치지 않아야 한다.

그런데 우연히 찾아온 기회를 놓치지 않으려면, 평소에 자유롭고 개방적인 자세를 습관화해 놓을 필요가 있다. 바로 이러한 개방적인 자세에서 혁신(창의적 발상)의 실마리는 찾아질 수 있다.

자립적 학습 능력과 실험 정신이 요구된다

다른 분야의 지식 즉, 새로운 지식을 습득하는 데에는 여러 가지 방법이 있다. 그 중에서 가장 효과적인 것은 그 지식에 정통한 다른 사람에게 배우는 것이다. 그러나 자신이 필요한 모든 지식을 그 때마다 다른 사람에게 배울 수는 없다. 또한 꼭 자기가 필요한 지식은 경우에 따라서는 적당한 스승을 발견할 수 없는 경우가 많다.

다행히 인간은 다른 사람에게 직접 배우지 않고도 지식을 획득할 수 있는 능력을 갖고 있다. 새로운 지식을 설명한 안내서(매뉴얼)를 통한 학습은 말할 것도 없고, 때로는 관찰을 통해서, 그리고 심지어는 작은 힌트의 조합을 통해서(퍼즐을 풀어나가듯이) 창조적인 학습을 해 나갈 수도 있다.

신지식인에게 요구되는 것은 바로 이러한 '자립적 학습능력'이다. 그리고 이 자립적 학습 능력을 발동시키는 것이 '실험정신'이다. 인간은 누구나 이 능력을 갖고 있지만, 이를 적극적으로 계발하느냐 그렇지 못하느냐의 차이는 크다. 신지식인은 이 '자립적 학습능력'을 극대화해 가면서, 때로는 시행착오를 통하여 새로운 지식을 자기화(터득)하고 창조해 간다.

허준이나 이제마가 자신을 생체실험의 대상으로 삼아가면서 새로운 처방을 찾아갔던 것은 그 전형적인 예에 해당될 것이다.

업무의 혁신, 생산성 향상, 부가가치 극대화에 목표가 있다

신지식인은 자신이 터득(창조)한 새로운 지식을 적용하여 업무를 혁신해 나가고, 일의 생산성을 높이며, 부가가치를 극대화시킨다.

지식은 그것을 창조하거나 새로 터득한 사람에게 '이익'을 가져다 줄 것으로 기대된다. 이는 신지식인이 추구한 지식이 실용적·실천적 지식이었던 만큼 어느 면에서 당연한 것이다. 그 이익은 우선 자기 자신과 자기가 속한 조직에게 돌아가는 것이어야 할 것이다.

신지식인, 논쟁거리가 아니다

매일경제 경제부장 겸 지식부장   강영철

지난 1997년 말 한국을 위기의 심연으로 몰고갔던 금융위기는 사실 한국의 역사상 처음있는 일은 아니었다.

우리 역사에서 보면 18세기초에서부터 19세기에 이르기까지 조선시대에도 한국경제는 심각한 전황(錢荒)으로 경제가 종종 위기를 맞곤 했다. 전황이란 동전(銅錢)의 부족을 의미한다. 동전이란 다름 아닌 조선시대 유통화폐를 말한다. 유통화폐가 부족하다보니 화폐를 매개로 이루어지는 상품이나 서비스의 흐름이 막히는 것은 당연한 결과였다.

물론 18세기의 전황과 1997년의 외환위기는 그 원인이나 경제에 미친 영향에 있어서 커다란 차이가 있다. 둘 다 돈이 부족해서 일어난 사태이긴 했지만 폐쇄된 사회였던 조선시대의 전황은 국가의 존망을 좌우할 정도의 위기는 아니었다.

그럼에도 불구하고 여기서 굳이 전황이야기를 끄집어 낸 것은 전황의 원인과 관련한 당시 실학자들의 분석이 오늘날 우리가 이야기하고 있는 신지식인의 개념을 정리하는 데 유익하기 때문이다.

실학자 유수원은 전황이 나타난 요인에 대해 "선비만이 귀한 것으로 알고 공인(工人)이나 상인(商人)을 천하게 여기고 있기 때문에 비록 모리배라 할지라도 겉으로는 장사하는 일을 부끄러이 여겨 전화(錢貨)를 심장(深藏)하고는 남몰래 이(利)를 노리게 마련이다"고 분석하고 있다.

우리의 전통 속에 깊숙이 뿌리 박혀 있는 사농공상(士農工商)의 의식과 문화가 바로 전황의 원인이라는 분석이다.

그런데 사실 1997년 우리가 외환위기를 겪고 1998년 한해를 고통 속에서 견뎌야 했던 것도 따지고 보면 이러한 사농공상의 의식과 문화적 영향과 무관하지 않다.

왜냐하면 1997년 외환위기의 본질은 우리가 세계 어느 시장에 내놓아도 경쟁력을 갖출 수 있는 제품을 만들 수 없었던 工(공)의 부재, 돈 장사, 물건장사를 제대로 해낼 수 있는 상(商)의 부재에 있기 때문이다.

그러다 보니 해외에서 벌어들이는 돈이 신통치 않았고 변변치 못한 소득에도 불구, 소비는 흥청망청했으니 국가의 빚이 기하급수적으로 늘어나 결국은 빚도 못 갚을 파산위기를 맞았던 것이 1997년 외환위기의 본질인 것이다.

사(士)만 많았지 농공상을 제대로 할 줄 아는 사람이 적었기 때문이라는 이야기이다(물론 '사'조차 이러한 사회현실에 대한 비판적 기능을 상실하고 있었다). 그럼에도 불구하고 이러한 사농공상의 의식이 다시 21세기 한국인의 좌표로 제시된 '신지식인'의 개념에 대한 쓸데없는 논란을 불러일으키고 있다.

신지식인운동의 일차적인 취지가 사(士)뿐만 아니라 농공상(農工商)을 잘하는 사람들도 지식인으로서 사회적 격려와 존경을 받게 하자는 것인데 이 개념을 비판하는 사람들이 공교롭게도 대부분 소위 문사철(文史哲 ; 문학, 사학, 철학)을 전공하는 인문학자들과 대학교수, 언론인, 교사 등 소위 사자(士字)계통의 사람들인 것이다.

비판의 주된 논지는 신지식인의 개념이 지나치게 경제적 부가가치만을 강조해 문화적 가치나 사회적 가치를 도외시하고 있을 뿐 아니라 '현실비판과 합리적 대안제시'라는 지식인 고유의 기능을 무시하고 있다는 것이다.

이러한 비판에 답하기에 앞서 우선 짚고 넘어가야 할 점은 그러한 문화적·사회적 가치를 추구하고 현실비판과 대안제시를 업으로 한다는 지식인들이 과연 스스로의 역할에 충실했는가 하는 질문이다. 어떠한 경우든 이 질문에 스스로가 '그렇다'라고 대답할 자신이 있을 경우에만 신지식인 개념을 정당하게 비판할 수 있기 때문이다.

지식인의 역할에 대해서는 일찍이 조선조 실학자 정약용 선생도 다음과 같이 말한 바 있다.(국사편찬위원회刊 한국사 제14권, 160-165쪽 참조)

"사(士)는 농공상에 관한 학문 즉, 실학을 탐구하여 그들의 생산에 기여함으로써 스스로의 사회경제적 위치를 찾을 수 있다."

정약용 선생은 선비들이 이러한 역할에 충실할 경우 그들의 정신노동은 농부들의 육체노동보다는 우회적으로 생산에 기여하는 바가 훨씬 클 수 있다고 말했다.

그는 더 나아가 사(士)가 농공상에 기여할 만한 정신적 생산을 하지 못하거나 농공상에 종사하는 이들의 교육을 담당할 능력이나 입장이 못되면 주저 없이 사(士)의 직분을 버리고 농공상에 직접 종사해야 한다고 주장했다.

그렇지 못한 선비들은 "손발을 움직이지도 않으면서 땅에서 생산된 것을 삼키며 남의 힘으로 먹는…… 빈 이름을 도적질하여 어리석은 백성을 속이는 사회의 좀이요, 도포입고 낮에 도둑질하는 자"이기 때문이다. 이에 반해서 우리 사회에는 아직도 '반물질문명', '반상업주의'의 기치를 내거는 고고함만이 지식인의 본연의 모습이라고 믿고 있는 사람들이 적지 않다.

사실 "자신이 선택한 분야에서 개선 개발 혁신해서 부가가치를 창출하는" 신지식인의 개념은 사(士)의 역할에 관한 한 정약용 선생의 개념보다도 포괄적이고 포용적인 개념이다.

스스로 '반물질문명', '반상업주의'의 정신적 기초를 쌓는 것이 자신의 일이라고 선택해서 학문적 연구와 사유를 기초로 '부가가치'를 창출한다면 그도 바로 신지식인이 될 수 있다고 인정하기 때문이다.

반드시 농공상에 활용할 수 있는 지식이 아니더라도 사회적 가치나 문화적 풍요로움에 기여할 경우에는 식자층도 신지식인이 될 수 있다는 측면에서 정약용 선생보다는 포괄적이고 포용적이라는 말이다.

그런데 여기에는 분명한 단서가 있다. 신지식인에서 말하는 부가가치라 함은 '부가된 가치' 즉, 기존의 가치(Value)에 부가된(Added) 가치를 의미한다.

쉽게 말해서 현실비판과 대안제시에 있어서도 "샤르트르 왈……." "푸코 왈……."만 읊조려서는 곤란하다는 이야기이다.

인문학이 됐건 실용학문이 됐던 관계없이 신지식인이 되기 위해서는 기존의 가치에 새로운 가치를 첨가시킬 수 있어야 하는 것이다.

실제로 신지식인의 대전제는 국민 각자가 무슨 일이든 자신의 분야에서 개선·개발·혁신해서 한국경제의 부가가치를 높이자는 것이다. 따라서 철학을 하건 금속학을 하건 경영학을 하건, 아니면 회사를 경영하건 회사에서 고용돼 일하건, 학생이건 선생님이건 상관없이 자신의 직분에서 세계 최고를 향해 노력하는 사람은 모두가 신지식인이 될 수 있는 것이다.

정당의 이익이 아니라 국민의 이익을 대변해야 할 책무를 지니고 있는 국회의원과 같은 정치인들도 자신의 직분에서 얼마나 높은 부가가치를 실현하느냐에 따라 '신지식정치인'이 될 수 있는 것이다. 그러나 만약 필자에게 신지식정치인을 거명하라고 요청한다면 과연 몇 사람이나 꼽을 수 있을지 자신이 없는 게 사실이다.

우리의 정치인들 사이에서는 로마제국 1000년 역사를 지탱해 준 정치인들의 도덕적 기반 즉, '노블리스 오브리제'의 정신을 좀처럼 목격할 수 없다. 사회의 지도층으로서 로마시민들의 이익을 위해 일한다는 노블리스 오브리제의 정신은 유럽의 자그마한 반도국가로 하여금 1000년을 융성하게 하는 힘이 되었다.

물론 우리의 정치인들 중에도 그러한 정치인이 없는 것은 아닐 것이다. 그러나 실제로 국민들의 눈에 비친 정치행태는 노블리스 오브리제로 무장한 정치인들의 활약상을 찾아 볼 수 없게 만들고 있다. 아마도 악화(惡貨)가 양화(良貨)를 모두 구축해 버렸기 때문일지 모르는 일이다.

최근 정치권에서 논란이 되고 있는 '젊은 피' 수혈론 만해도 그렇다. 탤런트, 변호사 하나를 놓고 여야당이 웃지 못할 코미디정국을 연출하는 식의 젊은 피 수혈이라면 백해무익할 수 있다.

그릇된 젊은 피 수혈론은 자칫 자신의 전문분야에서 최고가 되기 위해 일하면서 한국사회의 각부문의 발전을 위해 힘써야 할 젊은이들에게 쓸데없는 '정치증후군'의 바람을 불어넣어 그들을 오염시킬 위험

마저 내포하고 있다.

그러면 여기서 신지식인에 대한 보다 자세한 정의를 살펴보자.

매일경제신문사의 연구용역으로 이화여대 김효근 교수에 의해 발표된 『新지식인』(매일경제신문사刊)은 이렇게 정의하고 있다.

"신지식인이란 사물지, 사실지뿐만 아니라 방법지를 체득하고 지식의 생성, 저장, 활용, 공유과정에 필요한 정신자세, 습관, 기본능력을 갖추고 실천을 통해 지속적으로 가치를 창조해 나가는 21세기형 인재이다."

이러한 기준으로 볼 때 신지식인이 되기란 그리 쉽지 않을 것이라는 점은 쉽게 짐작할 수 있다.

자기 혼자만 잘 하려 노력할 것이 아니라 자기가 알고 있는 지식을 남에게도 전파해 주어 남들도 신지식인이 되도록 돕는다는 것만 해도 쉽지 않은 자세이다. 게다가 사물지, 사실지, 방법지 등 각종 지식을 섭렵해야 한다니 골치 아픈 일임에 틀림없다.

그러다 보니 어떤 학자는 이런 말을 한다.

"신지식인이란(20%의 골든 칼라에 지식과 부가 집중돼 80%의 인구는 춥고 가난하게 산다는) 20대 80의 사회에서 한국이 20의 범주에 끼자는 이야기인 것 같은데 한국은 어쩌다 20%에 끼인다고 할지라도 또 다시 80의 처지로 떨어질 텐데 왜 신지식인이라는 개념을 만들어 국민들을 피곤하게 만드는지 모르겠다."

이 학자는 아마도 한국이 선진국의 문턱에서 좌절, IMF(국제통화기금)의 구제금융을 받아 연명하는 신세로 전락한 사태를 의식하고 그런 발언을 했는지 모르겠다. 그렇다면 그는 한국은 20대 80의 국제사회에서 80의 처지에 머물러 있어 영원히 춥고 배고픈 나라로 남아 있는 게 더 낫다고 판단하고 있다는 말인가.

로마제국이 1000년의 영화를 누릴 수 있었던 이유는 바로 로마 국민 각자가 로마제국의 통치를 받는 나라의 국민들보다 더 부지런하고 더 노력하고 더 적극적이었기 때문이다.

로마제국의 정규군단병은 모두 로마 시민이었다. 노예나 피지배민족을 전쟁터의 화살받이로 앞세우기보다는 국가를 지키기 위해 시민들이 전쟁의 일선에서 죽음을 마다하지 않은 것이다.

한나라가 세계의 역사에서 우뚝 서는 길은 그러한 국민적 노력 없이는 불가능하다. 로마제국은 국민들의 그러한 노력과 정신이 쇠퇴해지면서 동시에 쇠락의 길을 걸은 것이다. 한국도 단군이래 최초로 세계에, 아니면 적어도 동북아에 족적을 남기는 그런 나라가 되고자 한다면 다른 나라 국민들과는 다른 모습을 보여야 하고 또한 그럴만한 자질과 역량을 갖추고 있다고 믿고 있다.

요사이 말하는 소위 글로벌 스탠더드를 좇아만 가는 나라가 아니라 글로벌 스탠더드를 만들어 나가는 그러한 역량을 보이기 위해서는 국민 모두가 각자의 분야에서 세계 최고를 실현하는 피곤함(?)을 감내해야 하는 것이다.

압축된 성장의 과정에서 배태된 문제점이 적지 않았던 것은 사실이나 그럼에도 불구하고 우리 국민은 세계역사상 가장 빠른 기간 내에 공업화를 진전시켰으며 또한 가장 빠른 시일에 금융위기를 극복해 나가고 있다. 이러한 국민적 자질을 한 차원 승화시켜 국민 각자가 스스로의 실력을 갖춰 한국사회의 선진화에 기여하자는 것이 신지식인 캠페인의 주요한 목적이다.

그러한 중대한 과제가 정치적으로 이용되거나 오용돼서도 안 된다. 과거 세계화캠페인이 정치적으로 이용되면서 결과적으로는 한국을 역(逆)세계화시키는 부작용을 초래했듯이 신지식인 캠페인마저 그런 전

철을 밟는다면 한국의 21세기는 희망을 잃을 것이다.

지금 중요한 것은 신지식인의 개념을 둘러싼 논쟁이 아니다. 신지식인이라는 표현이 귀에 거슬린다는 사람들조차도 신지식인이 지향하는 바에 대해서는 별로 반론을 제기할 수 없을 것이다. 그러면 용어에 얽매이지 말고 신지식인이 지향하는 '정신'에 대해서라도 동의를 표시하고 국민들의 지향점을 찾아주는 일이 올바른 자세라고 생각한다.

이것도 저것도 아니고 신지식인 개념과 정신 모두가 잘못되고 소위 지식인만이 '지식'이라는 단어를 독점해야겠다고 생각하는 식자층이 있다면 성호 이 익 선생이 동시대 사(士)자돌림 지식인들에게 자문한 다음과 같은 구절을 전해주고 싶다.

"나는 실오라기 하나도 생산하지 못하였다. 어찌 사회의 좀이 아니랴."

신지식인 사례집
당신도 신지식인입니다

1999년 6월 25일 초판 1쇄
지 은 이／매일경제 지식부·정보통신정책연구원
펴 낸 이／장 대 환
펴 낸 곳／매일경제신문사
주　　소／⑨ 100-728 서울 중구 필동1가 51번지
전　　화／(02)2000-2611(출판), (02)2000-2645(출판영업)
팩시밀리／(02)2271-0463
출판등록／1968년 2월 13일 (No. 2-161)

ISBN 89-7442-157-7　　　　　　　　　　　값8,000원